Fondements bibliques
volume 1

Connaître Jésus Christ en tant que Seigneur

Le nouveau style de vie

Les baptêmes du Nouveau Testament

Construire pour l'éternité

Larry Kreider

House To House Publications
Lititz, Pennsylvania USA
www.h2hp.com

Fondements bibliques volume 1
Connaître Jésus Christ en tant que Seigneur
Le nouveau style de vie
Les baptêmes du Nouveau Testament
Construire pour l'éternité

Larry Kreider
Traduit par Guy Zeller

Copyright ©2015 DOVE International
Originally published in English Copyright © 1993, Updated © 2002

Published by
House to House Publications
11 Toll Gate Road, Lititz, PA 17540 USA
Téléphone : 717.627.1996
www.h2hp.com

ISBN-13: 978-0-9987574-1-4
ISBN-10: 0-9987574-1-1

Tous droits réservés. Aucune portion de cet ouvrage ne peut être reproduite sans l'autorisation de l'auteur.

Table des matières

Introduction 5
Comment utiliser ce matériel de ressource 8

1. Connaître Jésus Christ en tant que Seigneur 9
1. Poser un fondement solide 11
2. Calculer le prix 22
3. Confiance totale 32
4. Bouillant, froid ou tiède ? 42
   Canevas d'enseignement 52
   Questions de méditation supplémentaires 60

2. Le nouveau style de vie 61
1. Les œuvres ou la foi 63
2. La foi en Dieu 75
3. L'union puissante : la foi et la Parole 85
4. Nous pouvons vivre victorieusement 94
   Canevas d'enseignement 104
   Questions de méditation supplémentaires 112

3. Les baptêmes du Nouveau Testament 113
1. Le baptême d'eau 115
2. D'autres baptêmes 125
3. Le baptême du Saint-Esprit partie 1 134
4. Le baptême du Saint-Esprit partie 2 144
   Canevas d'enseignement 156
   Questions de méditation supplémentaire 164

4. Construire pour l'éternité 165
1. Transmettre la bénédiction et la guérison 167
2. Transmettre l'autorité 177
3. Nous vivrons pour toujours 186
4. Dieu juge tout 196
   Canevas d'enseignement 206
   Questions de méditation supplémentaires 214

Fondements bibliques

Cet ouvrage fait partie d'une série de douze conçus pour aider les croyants à bâtir un fondement biblique solide dans leurs vies.

Volume 1

1. **Connaître Jésus Christ en tant que Seigneur**
   Le dessein de Dieu pour nos vies au travers d'une relation personnelle avec Jésus

2. **Le nouveau style de vie**
   La véritable repentance et la foi en Dieu

3. **Les baptêmes du Nouveau Testament**
   Quatre baptêmes incluant le baptême d'eau et le baptême du Saint-Esprit

4. **Construire pour l'éternité**
   L'espérance de la résurrection, l'imposition des mains et le jugement éternel

Volume 2

5. **Vivre dans la grâce de Dieu**
   Appliquer la grâce de Dieu à la vie quotidienne

6. **Libéré de la malédiction**
   Christ amène la liberté dans chaque domaine de nos vies

7. **Apprendre à communier avec Dieu**
   Comment approfondir notre relation avec Jésus Christ

8. **Qu'est-ce que l'église ?**
   Trouver notre place dans la famille de Dieu

Volume 3

9. **Autorité et redevabilité**
   Quelle attitude adopter face aux responsables et aux autres croyants que Dieu place à nos côtés

10. **La perspective de Dieu sur les finances**
    Comment Dieu veut que son peuple gère l'argent

11. **Appelé à servir**
    L'appel de chaque chrétien à servir

12. **Le grand commandement missionnaire**
    Le but de notre vie sur cette planète

Introduction

Dans la ville de Pise, des ouvriers venaient de poser la première pierre d'une magnifique tour de clocher. Les matériaux de construction et la main d'oeuvre recrutée étaient les meilleurs de toute la période de la Renaissance. Cependant, il apparut rapidement que quelque chose était anormal. Une légère inclinaison était visible. La brillante conception du bâtiment devenait déjà moins importante que ses fondements fragiles. Malheureusement, la tour était construite sur un terrain marécageux à seulement trois mètres au dessus du niveau de la mer. Aujourd'hui, la célèbre « tour penchée de Pise » a une réputation de bizarrerie architecturale.

En plus de trente ans de ministère comme responsable de jeunesse, pasteur et leader-serviteur dans différents contextes, j'ai observé ce même scénario dans la vie de nouveaux chrétiens tout autour du monde. Beaucoup se lancent avec beaucoup de zèle dans leur nouvelle foi en Jésus Christ, mais commencent à couler lorsqu'ils sont confrontés au découragement et aux problèmes. Dans certains cas, nous voyons des jeunes chrétiens ériger des tours défectueuses, utilisant les pierres de construction de leurs aptitudes, de leurs visions et de leurs dons personnels. Malheureusement, leurs fondements sont aussi instables que le sol marécageux sous la tour de Pise ! Sans exception, chacun d'entre eux a désespérément besoin d'un fondement biblique solide pour sa vie nouvelle.

Le fondement de la foi chrétienne est bâti sur Jésus Christ et sa Parole donnée pour nous, la Bible. Cette série de fondements bibliques de douze sections comprend le fondement de doctrines bibliques nécessaire pour poser un fondement spirituel solide dans votre vie.

1. Connaître Jésus Christ en tant que Seigneur

Dans ce premier fondement biblique, Connaître Jésus Christ en tant que Seigneur, nous bâtissons sur Jésus Christ et ses paroles : Quiconque entend ces paroles que je dis et les met en pratique sera semblable à un homme prudent qui a bâti sa maison sur le roc (Matthieu 7:24). Voulez-vous être sage ? Bâtissez sur Jésus Christ, le roc solide !

2. Le nouveau style de vie

Dans ce second fondement biblique, *Le nouveau style de vie*, nous allons nous pencher sur deux des six doctrines fondamentales de la foi chrétienne décrites dans Hébreux 6:1-2 – **la repentance des œuvres mortes et la foi en Dieu** : *C'est pourquoi, laissant les éléments de la parole de Christ, tendons à ce qui est parfait, sans poser de nouveau le fondement du renoncement aux oeuvres mortes, de la foi en Dieu, de la doctrine des baptêmes, de l'imposition des mains, de la résurrection des morts, et du jugement éternel*. Nous apprendrons qu'il faut nous repentir de notre tendance à essayer de gagner l'acceptation de Dieu en faisant de bonnes choses (Hébreux 6:2). Nos bonnes actions faites pour impressionner Dieu ou les hommes sont des « œuvres mortes », et elles ne nous rapprochent pas de Dieu. Seule la véritable repentance conduit à la foi en Dieu.

3. Les baptêmes du Nouveau Testament

Dans ce troisième fondement biblique, Les baptêmes du Nouveau Testament, nous allons nous pencher sur une autre des six doctrines fondamentales de la foi chrétienne décrites dans Hébreux 6:1-2 – la doctrine des baptêmes : *C'est pourquoi, laissant les éléments de la parole de Christ, tendons à ce qui est parfait, sans poser de nouveau le fondement du renoncement aux oeuvres mortes, de la foi en Dieu, de la doctrine des baptêmes, de l'imposition des mains, de la résurrection des morts, et du jugement éternel*. Cet ouvrage couvre quatre baptêmes, le baptême d'eau (signe de purification et de rémission des péchés), le baptême dans le corps de Christ (le Saint-Esprit nous place surnaturellement dans le « corps » ou dans la « famille de Dieu »), le baptême de feu (faire face à la souffrance dans nos vies et persévérer) et le baptême du Saint-Esprit (une nouvelle dimension de la puissance du Saint-Esprit).

4. Construire pour l'éternité

Dans ce quatrième fondement biblique, *Bâtir pour l'éternité*, nous allons nous pencher sur les trois dernières doctrines fondamentales de la foi chrétienne décrites dans Hébreux 6:1-2 – **l'imposition des mains, la résurrection des morts et le jugement éternel** : *C'est pourquoi, laissant les éléments de la parole de Christ, tendons à ce qui est parfait, sans poser de nouveau le fondement du renoncement aux oeuvres mortes, de la foi en Dieu, de la doctrine des baptêmes,* *de l'imposition des mains, de la résurrection des morts, et du jugement éternel.* La doctrine fondamentale de l'imposition des mains est un acte par lequel une personne transmet ou communique une bénédiction, une guérison et/ou une autorité à un autre pour un but spirituel spécifique. Nous apprendrons que l'imposition des mains a une connexion vitale avec beaucoup d'aspects de nos vies chrétiennes. L'espérance de la résurrection est un autre fondement biblique qui est si important pour la foi d'un chrétien parce que ceux qui croient en Christ auront part à sa résurrection et auront la vie éternelle ! Une autre pierre de fondement qui est liée à la résurrection des morts est le jugement éternel. Chaque homme et chaque femme ayant jamais vécu sera jugé par Dieu pour l'éternité. La réalité d'un jugement éternel devrait stimuler les croyants à haïr le péché et à chercher avec diligence à partager avec les incroyants le plan merveilleux de Dieu pour l'humanité !

Utilisez ces fondements bibliques pour poser un fondement solide dans votre vie ou, si vous êtes déjà un chrétien mature, ces livrets sont des outils merveilleux pour vous assister dans la formation d'autres disciples. Que sa Parole prenne vie pour vous aujourd'hui.

Que Dieu vous bénisse!
Larry Kreider

Comment utiliser cet ouvrage de ressource

Étude personnelle
Lisez du début à la fin comme programme d'étude individuelle pour poser un fondement chrétien solide et développer la maturité spirituelle.
- Chaque chapitre contient un verset clé qu'il est bon de mémoriser.
- Des versets supplémentaires peuvent être utilisés pour approfondir sa compréhension.
- Chaque lecture inclut des questions de réflexion personnelle.

Méditations quotidiennes
Utilisez-le comme guide de méditation pour une étude quotidienne de la parole de Dieu.
- Des jours supplémentaires à la fin du livret portent le nombre total de méditations à un mois complet. La série de douze livres couvre une année de méditations quotidiennes.
- Des versets supplémentaires sont proposés pour approfondir l'étude.
- Chaque jour comprend des questions de réflexion.

Accompagnement et mentoring
Utilisez-le dans le cadre d'une relation de parentalité spirituelle pour étudier, prier et discuter ensemble des applications dans le concret.
- Un père ou une mère spirituel peut facilement emmener son fils ou sa fille spirituel dans ces courtes études bibliques et utiliser les questions de réflexion pour provoquer un dialogue sur le sujet étudié.
- Prenez une portion chaque jour ou un chapitre complet à la fois.

Études en petits groupes
Etudiez ces importants fondements bibliques dans un contexte de petit groupe.
- L'enseignant étudie le matériel contenu dans les chapitres et peut enseigner en utilisant le canevas tout simple mis à disposition en fin de livret.

Donner un cours de fondements bibliques
Ces enseignements peuvent être donnés par un pasteur ou par un autre responsable chrétien comme cours de fondements bibliques de base.
- Les étudiants lisent une portion du livret donnée.
- En classe, le responsable peut enseigner le sujet en utilisant les canevas de chapitres en fin de livret.

Fondements bibliques 1

Connaître Jésus Christ en tant que Seigneur

Le dessein de Dieu pour nos vies au travers d'une relation personnelle avec Jésus

CHAPITRE 1

Poser un fondement solide

VERSET CLÉ À MÉMORISER

Si tu confesses de ta bouche que Jésus est Seigneur, et si tu crois dans ton coeur que Dieu l'a ressuscité des morts, tu seras sauvé.

Romains 10:9

Jour 1

Le fondement de Jésus Christ

Il y a des années, je travaillais dans une équipe de construction. J'ai rapidement appris que la première étape pour bâtir une maison consiste à poser des fondations solides. De même, nos vies chrétiennes doivent être bâties sur le fondement solide de Jésus Christ. Il est le fondement de la foi chrétienne. *Car personne ne peut poser un autre fondement que celui qui a été posé, savoir Jésus Christ* (1 Corinthiens 3:11). Si nous bâtissons sur quelque chose d'autre, notre fondement spirituel est défectueux et va s'effondrer lorsque les épreuves et les tempêtes croiseront notre chemin – et nous pouvons être certains qu'elles seront au rendez-vous. Si nos fondations sont solides, nous serons capables de résister, quelle que soit la violence du vent.

Jésus – le fondement du christianisme

Esaïe 28:16
Matthieu 16:18 ; 11:27
Actes 4:11-12
Ephésiens 2:20 ; 2:18
1 Pierre 2:6-8 ; Jean 10:9
1 Jean 5:20

Ce livret et les onze autres livrets de cette série vont vous aider à continuer de bâtir après avoir posé le fondement d'une rencontre personnelle avec Christ qui déclare… *Je suis le chemin, la vérité, et la vie. Nul ne vient au Père que par moi* (Jean 14:6).

Beaucoup de gens ont une fausse compréhension de ce que veut dire être chrétien. Certaines personnes pensent que si vous vivez dans une « nation chrétienne », telle que les Etats-Unis, vous êtes un chrétien. D'autres pensent qu'ils sont chrétiens parce que leurs parents sont chrétiens. Le fait d'être un disciple de Jésus Christ ne dépend pas de notre arrière-plan familial ou ethnique. C'est basé sur une relation. Le fait de savoir des choses au sujet de Dieu ne signifie pas que nous le connaissons personnellement. Vous avez peut-être beaucoup d'informations sur la reine d'Angleterre, mais vous ne la connaissez probablement pas personnellement. Vous ne pouvez pas connaître Dieu sans avoir une relation avec lui. Le christianisme se résume au fait d'avoir une relation avec le Dieu vivant.

Liz fut attirée au christianisme lorsqu'un nouveau voisin emménagea à côté de chez elle. Elle se souvient : « Judy parlait de Dieu en termes intimes, et je voyais qu'elle le connaissait réellement. Elle se comportait comme si Dieu vivait dans la maison avec elle. » Liz aspirait à avoir ce même type de relation avec Dieu, ce qui l'amena à donner elle aussi sa vie à Christ.

Les fondements de base pour une vie chrétienne doivent être construits sur Jésus Christ qui désire nous connaître personnellement. Dans ce livret, nous allons voir que Dieu s'est révélé à nous au travers de Jésus Christ. *Or, la vie éternelle, c'est qu'ils te connaissent, toi, le seul vrai Dieu, et celui que tu as envoyé, Jésus Christ* (Jean 17:3).

REFLEXION
Comment est-il possible de tout savoir sur Dieu, mais de ne pas réellement le connaître ? Selon Jean 14:6, comment peut-on connaître Dieu ?

Jour 2
Dieu désire nous connaître personnellement!

Notre univers et tout ce qui le compose a un ordre et un dessein. Sa complexité et sa beauté suggèrent la présence en arrière-plan d'un créateur intelligent. Dieu a prévu que la beauté de l'univers conduise les gens vers lui (Psaume 19:1). Dans Romains 1:20, l'apôtre Paul nous dit que Dieu s'est fait lui-même connaître par la nature et par une reconnaissance intérieure et instinctive de Dieu. En effet, les perfections invisibles de Dieu, sa puissance éternelle et sa divinité, se voient comme à l'oeil, depuis la création du monde, quand on les considère dans ses ouvrages. Ils sont donc inexcusables.

Dans la nature, nous voyons des évidences qu'il existe, mais c'est réellement par la foi qu'il doit être accepté. *Or sans la foi il est impossible de lui être agréable ; car il faut que celui qui s'approche de Dieu croie que Dieu existe, et qu'il est le rémunérateur de ceux qui le cherchent* (Hébreux 11:6).

Si une personne ne veut pas croire en Dieu, elle peut trouver un million de raisons de ne pas y croire. Cependant, quand vous y réfléchissez, il faut vraiment plus de foi pour ne pas croire en Dieu qu'il n'en faut pour croire à son existence.

Beaucoup de gens imaginent Dieu comme un être distant et impersonnel, présidant sans intérêt sur sa création et n'intervenant que lorsque les humains le supplient d'agir en leur faveur. « Dieu nous observe à distance » était le refrain d'un chant populaire d'un chanteur américain. Une telle vision est complètement fausse.

La Bible révèle un Dieu qui cherche l'humanité parce qu'il désire entrer en relation avec elle. Dieu, le Créateur et Roi de l'univers, qui existait avant le commencement du temps, a créé l'homme à son image. Dieu a dit : *Faisons l'homme à notre image, selon notre ressemblance...* (Genèse 1:26). Il désire que l'homme reflète son image. Le créateur de l'univers désire avoir une relation et une amitié personnelle avec vous ! Il désire que vous le connaissiez, il désire être votre ami intime. *L'amour de Dieu a été manifesté envers nous en ce que Dieu a envoyé son Fils unique dans le monde, afin que nous vivions par lui* (1 Jean 4:9).

REFLEXION
Vous pouvez voir Dieu dans la nature, mais comment pouvez-vous réellement croire qu'il existe (Hébreux 11:6) ? Pourquoi Dieu recherche-t-il l'humanité ?

Jour 3
Jésus – le seul chemin qui conduit à Dieu

Nous avons été créés pour vivre une relation d'amour et de proximité avec Dieu et les uns avec les autres. Pour Dieu, les relations sont centrales. Il nous a créés pour vivre en communion constante avec lui. Mais les premiers êtres humains, Adam et Eve, créés sans péché et en parfaite communion avec Dieu, se sont rebellés contre lui dans le jardin d'Eden. Lorsque Satan les a tentés de goûter au fruit défendu du seul arbre du jardin que Dieu leur avait commandé de ne pas toucher, leur péché de désobéissance les a aliéné de Dieu (Genèse 3:6, 14-19).

Dieu a-t-il laissé l'humanité périr dans son péché ? Non ! Il les a aimés et a continué de chercher à les rejoindre. Dans la Bible, nous ne voyons pas l'homme chercher Dieu ; nous voyons Dieu chercher l'homme. *Ce n'est pas vous qui m'avez choisi ; mais moi, je vous ai choisis...* (Jean 15:16).

Mais quelle possibilité l'homme a-t-il de connaître le Dieu éternel ? Dieu est infini, tout puissant et entièrement sage (Esaïe 40:12-18, 55:8-9). Comment pourrions-nous jamais être en contact avec un Dieu si grand ? C'est possible au travers de Jésus Christ.

Dieu a pris l'initiative de se révéler en Jésus Christ. Il nous a rejoint au travers de Christ. Nous pouvons connaître le Père en connaissant Jésus. Jésus lui-même a dit : *Si vous me connaissiez, vous connaîtriez aussi mon Père… Celui qui m'a vu a vu le Père* (Jean 14:7, 9). Lorsque nous voyons Jésus, nous voyons Dieu le Père. Nous devons accepter Jésus Christ et croire en lui pour pouvoir connaître Dieu.

Certaines personnes disent qu'il y a beaucoup de chemins pour arriver à Dieu, mais la Bible est claire – nul ne peut venir à Dieu et aller au ciel si ce n'est par Jésus Christ (Jean 14:6, Actes 4:12). La Bible nous montre que tout le monde ne sera pas sauvé (Matthieu 25:41-42), et ce que nous croyons importe vraiment, quelle que soit notre sincérité (Actes 17:22-31).

Nous devons croire, par la foi, que Jésus est « le chemin, la vérité et la vie », parce que nous ne pouvons venir à Dieu que par Jésus Christ.

REFLEXION
Pourquoi avez-vous été créé ? Qu'est-ce qui vous aliène de Dieu ?
Comment pouvez-vous connaître Dieu selon Jean 14:9 ?

Jour 4
Réalisons que nous sommes perdus dans nos péchés

Si nous voulons être sauvés et connaître Jésus en tant que Seigneur, nous devons d'abord réaliser que nous sommes perdus. *Car tous ont péché et sont privés de la gloire de Dieu* (Romains 3:23).

Le péché, problème de l'humanité
Ecclésiaste 7:20
Galates 3:22
1 Jean 1:8-10
Romains 5:12
Ephésiens 2:13

Nous avons tous péché. La terme « péché » signifie littéralement manquer la cible (de la volonté parfaite de Dieu). Il serait très improbable qu'une personne habituée à tirer sur des cibles ne fasse que des cartons en plein centre. Il lui arrivera de temps à autre de rater la cible. Le péché rate la cible de la volonté parfaite de Dieu, comme nous le montre sa Parole, et nous sépare de Dieu. Nous avons tous péché. Jésus est venu pour résoudre le problème du péché de l'humanité. Il commence par nous convaincre, ou nous rendre conscients, de notre péché... *Il convaincra le monde en ce qui concerne le péché* (Jean 16:8).

Quelqu'un demanda une fois à D. L. Moody, un évangéliste du dix-neuvième siècle : « Je n'ai qu'un ou deux petits péchés. Comment Dieu pourrait-il me rejeter ? »

Moody répondit : « Si tu essaies de te hisser sur un toit avec une chaîne, il ne suffit que d'un seul maillon faible pour te faire tomber par terre. Les autres maillons peuvent être en parfaite condition. De même, un seul péché peut t'amener à passer l'éternité séparé de Dieu. » Moody avait raison. Un seul péché peut suffire à nous séparer de Dieu. Dieu nous aime, mais il déteste le péché.

Le péché est comme le cancer. Si un des membres de ma famille a un cancer de la peau sur son bras, je le détesterais chaque fois que je le verrais (le cancer). C'est ce que Dieu ressent par rapport au péché. Il sait que le péché va détruire les gens qu'il a créés pour être en communion avec lui. Dieu nous aime. Il ne veut pas nous détruire. Mais si nous nous cramponnons avec entêtement à notre péché, celui-ci va finir par nous détruire.

Une fois que nous réalisons que nous avons raté la cible, nous devons croire que Jésus peut nous sauver de notre état de perdition qui nous condamne. *Celui qui croit en lui n'est point jugé ; mais celui qui ne croit pas est déjà jugé, parce qu'il n'a pas cru au nom du Fils unique de Dieu* (Jean 3:18).

REFLEXION
Quelles sont les évidences que vous avez vues dans votre expérience ou votre observation qui vous convainquent que l'humanité est perdu ?

Jour 5
Se repentir et croire

Dieu, dans son grand amour et sa miséricorde, ne pouvait pas laisser l'humanité dans un état de péché et de condamnation. Il nous a tant aimé et n'a pas voulu nous voir mourir dans nos péchés... *ne voulant pas qu'aucun périsse, mais voulant que tous arrivent à la repentance* (2 Pierre 3:9).

C'est la volonté de Dieu que nous ne mourrions pas dans nos péchés, parce que nos péchés exigent une pénalité terrible – la peine de mort. On pourrait aussi dire que nos péchés reçoivent un salaire horrible, le salaire de la mort, selon Romains 6:23 : *Le salaire du péché, c'est la mort...*

Nous gagnons ou méritons ce pour quoi nous travaillons. Si nous travaillons pour le péché – vivant dans la confusion et le désordre en dehors de Dieu – la mort est le salaire que nous méritons pour nos péchés (séparation spirituelle de Dieu pour l'éternité). Mais la bonne nouvelle, c'est que Dieu a prévu une voie de sortie. Même si « le salaire du péché est la mort », Dieu nous donne le don gratuit du salut et de la vie éternelle en Jésus Christ... *mais le don gratuit de Dieu, c'est la vie éternelle en Jésus Christ notre Seigneur* (Romains 6:23b).

La repentance
Luc 13:3, 5 ; 5:32
1 Timothée 2:4
Romains 2:4
Actes 17:3

Dieu a envoyé Jésus pour nous offrir un nouveau royaume qu'il est venu établir dans nos cœurs. Ceci se produit lorsque nous nous repentons de nos péchés et croyons à la vérité de son évangile... *Après que Jean eut été livré, Jésus alla dans la Galilée, prêchant l'Évangile de Dieu. Il disait : Le temps est accompli, et le royaume de Dieu est proche. Repentez-vous, et croyez à la bonne nouvelle* (Marc 1:14-15).

La volonté de Dieu est que chacun se détourne de son péché et vienne à lui. Il désire que chacun parvienne dans une position de repentance, parce que c'est Dieu lui-même qui... *annonce maintenant à tous les hommes, en tous lieux, qu'ils ont à se repentir* (Actes 17:30).

Le mot repentance signifie *changer, se détourner, renversement d'une décision ou transformation*. Si vous allez dans une direction, « se repentir » signifie que vous vous détournez et allez maintenant dans la direction opposée. Si vous allez quelque part et réalisez que vous avez pris la mauvaise route, vous devez faire demi-tour et aller dans la direction opposée. Cela signifie que vous devez changer votre mentalité et vos actions.

Un de mes amis roulait un jour dans sa voiture un écoutant à la radio une émission chrétienne. Le commentateur se mit à prêcher : « Quelqu'un est sur la route maintenant, et le Seigneur vous appelle à lui donner sa vie. » Mon ami fut convaincu de péché. « C'est moi ! » dit-il. Il gara sa voiture sur le bas côté de la route et se mit à pleurer alors qu'il confessait ses péchés et donna sa vie à Jésus. Sa vie fut totalement transformée à partir de ce moment. Il prit une décision impliquant l'action extérieure de se détourner du péché et de se tourner vers le Père.

Une bonne description de la repentance est la suivante : « (La repentance est) le fait de se détourner résolument de tout ce que nous savons déplait à Dieu. Ce n'est pas le fait de nous améliorer par nous-mêmes avant de l'inviter dans notre vie. Au contraire, c'est parce que nous ne pouvons pas nous pardonner ou nous améliorer nous-mêmes que nous avons besoin qu'il vienne à nous. Mais nous devons être prêts à ce qu'il fasse les réaménagements qu'il désire quand il vient. Il ne peut y avoir de résistance ou de tentative de négocier selon nos propres termes, mais bien plutôt une reddition inconditionnelle à la seigneurie de Jésus Christ. »

REFLEXION
Quel est le salaire du péché selon Romains 6:23 ?
Décrivez la « repentance » avec vos propres mots

Jour 6
Confesser Jésus Christ en tant que Seigneur

Nous venons à Christ en confessant et en croyant que Jésus Christ peut nous sauver d'une vie séparée de Dieu. Tout comme un couple confesse son engagement l'un envers l'autre le jour de leur mariage au début de leur vie de couple, nous confessons Jésus Christ comme notre Seigneur pour commencer notre relation avec Dieu.

Jésus en tant que Seigneur
Actes 2:36 ; 10:36
Jean 13:13
1 Corinthiens 8:6 ; 12:3

Si tu confesses de ta bouche le Seigneur Jésus, et si tu crois dans ton coeur que Dieu l'a ressuscité des morts, tu seras sauvé (Romains 10:9).

Un homme se débattait avec la question suivante : était-il un chrétien, oui ou non ? J'ai pris sa Bible et lui ai montré Romains 10:9, lui demandant de lire ce passage. Il l'a lu et relu, et soudain la foi s'est mise à jaillir dans son cœur. Il m'annonça avec enthousiasme : « Maintenant, je sais que je suis réellement un chrétien ! » Pourquoi ? Il ne s'appuyait plus sur ce qu'il ressentait, mais sur ce que Dieu disait dans sa Parole. Il confessa de sa bouche que Jésus est Seigneur et expérimenta un salut réel.

Que signifie le fait de connaître Jésus Christ comme le Seigneur de nos vies ? Seigneur signifie : dirigeant, roi, patron, une personne qui a un contrôle complet sur nos vies. Cela implique cependant encore plus que cela. Le fait de la confesser en tant que Seigneur est aussi une confession de sa divinité. Lorsque nous disons que Jésus est le Seigneur de nos vies, nous ne confessons pas seulement qu'il a un contrôle complet sur nos vies, mais aussi qu'il est Dieu. Lorsque Jésus a marché sur la terre, César, le dirigeant, était appelé « seigneur ». Lorsqu'un soldat romain saluait une autre personne, il disait : « César est seigneur ! »

L'autre personne répondait : « César est seigneur ! » Ils impliquaient en réalité que l'empereur était un dieu.

Mais lorsqu'un soldat saluait un chrétien, celui-ci répondait : « Jésus est Seigneur ! » Le chrétien était alors puni, la plupart du temps jeté aux lions. Beaucoup ont été martyrs pour la cause de Christ. Les premiers chrétiens comprenaient clairement ce qu'impliquait la seigneurie ! Cela demandait un engagement total de leur part.

Dans la Bible, le mot « sauveur » est mentionné à trente-sept reprises. Le mot « seigneur » est mentionné sept mille sept cent trente-six fois. Dans le Nouveau Testament, nous trouvons « sauveur » à vingt-deux reprises et « seigneur » quatre cent trente-trois fois. Les deux sont très importants, mais l'accent est sur Jésus en tant que Seigneur de nos vies.

Aujourd'hui, nous avons le privilège de confesser Jésus en tant que Seigneur parce que nous l'avons choisi, pas parce que nous en avons l'obligation ou le devoir. Mais au jour du jugement, lorsque Jésus reviendra, chacun reconnaîtra sa seigneurie et se prosternera devant lui, selon Philippiens 2:10-11 : *Afin qu'au nom de Jésus tout genou fléchisse dans les cieux, sur la terre et sous la terre, et que toute langue confesse que Jésus Christ est Seigneur, à la gloire de Dieu le Père.*

REFLEXION

Qu'est-ce que le fait d'avoir Jésus comme Seigneur de votre vie signifie pour vous personnellement ?

Jour 7
Recevoir le salut et devenir un enfant de Dieu !

Jésus a pris votre place sur la croix il y a deux mille ans afin que vous puissiez connaître Dieu. *Christ aussi a souffert une fois pour les péchés, lui juste pour des injustes, afin de nous amener à Dieu...* (1 Pierre 3:18).

Quand vous le recevez comme Seigneur, il fait de vous son enfant. *Mais à tous ceux qui l'ont reçue, à ceux qui croient en son nom, elle a donné le pouvoir de devenir enfants de Dieu* (Jean 1:12). Je me souviens d'une fois où je parlais à un groupe d'adolescent en Ecosse. J'ai sorti un peu d'argent de ma poche et l'ai offert à un jeune homme de l'audience. Je lui ai dit qu'il pouvait dire « Je crois à cet argent » tant de fois qu'il le voulait, mais qu'il devait le *recevoir* pour que cet argent lui appartienne. Je lui ai dit : « Si tu le reçois, c'est un don gratuit de ma part. Tu n'as rien fait pour le mériter, mais il est à toi. » Bien sûr, il l'a pris !

Recevoir Christ
Hébreux 9:28
Romains 5:6-8 ; 8:3
2 Corinthiens 5:21
Galates 1:4 ; 3:13
Jean 20:31
1 Jean 5:12

Vous pouvez croire en Jésus, mais vous n'avez le salut que si vous recevez le don de Dieu pour vous – Jésus Christ. Le salut est un don gratuit ; vous ne pouvez pas le gagner. Vous ne méritez pas le salut, mais Dieu vous le donne quand même parce qu'il vous aime. Vous avez le salut et la vie éternelle si vous acceptez le don de Dieu pour vous et invitez Jésus à être le Seigneur de votre vie.

Avez-vous demandé à Jésus Christ de venir dans votre vie comme votre Seigneur et Roi ? Si ce n'est pas le cas, vous pouvez le faire maintenant. Les Ecritures nous disent que c'est aujourd'hui le jour du salut (2 Corinthiens 6:2).

Prenez un moment pour la prière du salut. Commencez votre vie nouvelle en Christ aujourd'hui ! Trouvez quelqu'un avec qui en parler, quelqu'un qui peut vous encourager et vous aider à grandir spirituellement. Attendez-vous à ce que le Seigneur vous utilise avec puissance alors que vous apprenez à le connaître et à répondre à sa voix. Que Dieu vous bénisse !

REFLEXION

Qu'est-ce que le fait d'avoir Jésus comme Seigneur de votre vie signifie pour vous personnellement ?

Prière du salut

Je confesse Jésus Christ en tant que Seigneur et Roi de ma vie. Je crois dans mon cœur qu'il est ressuscité des morts. Seigneur, je te confesse que j'ai souvent « raté la cible » et agi à ma façon. Mais à partir de ce moment, je reçois Jésus Christ comme sacrifice pour mes péchés, et je suis une nouvelle création en Jésus Christ. Les choses anciennes sont passées, et toutes choses sont devenues nouvelles. Christ vit en moi !

Comme j'ai confessé Jésus Christ comme mon Seigneur et que je crois dans mon cœur qu'il est ressuscité des morts, je sais que je suis sauvé ! J'ai reçu la vie éternelle comme un cadeau gratuit de ta part ! Amen.

CHAPITRE 2

Calculer le prix

VERSET CLÉ À MÉMORISER

Si quelqu'un veut venir après moi, qu'il renonce
à lui-même, qu'il se charge chaque jour de sa croix,
et qu'il me suive. Car celui qui voudra sauver
sa vie la perdra, mais celui qui la perdra
à cause de moi la sauvera.

Luc 9:23-24

Jour 1

Engagement total requis

Il y a bien des années, alors que j'étais engagé dans un ministère auprès des jeunes, j'avais l'habitude de leur dire : « Si vous voulez des amis, la paix dans votre conscience et des choses à travailler dans votre vie, venez à Jésus, il va vous aider. » Beaucoup de ces jeunes se sont engagés avec Jésus, mais deux mois plus tard, ils faisaient à nouveau leurs propres histoires au lieu d'obéir au Seigneur. Dans beaucoup de cas, ils étaient même pires qu'avant d'avoir pris un engagement pour Christ. Ils n'avaient pas compris que Jésus devait être leur Seigneur. Ils « sont venus à Jésus » pour ce qu'ils pouvaient en tirer, plutôt que de recevoir Jésus Christ en tant que Seigneur – le chef absolu de leurs vies.

L'engagement pour Christ
Luc 18:22-23 ; 18:28-30
Philippiens 3:7-8
1 Jean 2:15-16

La Bible nous dit dans Romains 10:13 que *quiconque invoquera le nom du Seigneur sera sauvé*. Invoquer le « Seigneur » signifie que nous sommes prêts à faire de lui le maître, le patron, le dirigeant absolu de chaque aspect de nos vies, de chaque minute de chaque jour. Cela requiert un engagement total.

Les chrétiens prêchent souvent un Jésus « faible ». C'était mon cas. J'ai changé mon approche et j'ai vu maintenant un fruit durable. J'ai expliqué au groupe de jeunes suivant : « Jésus doit être Seigneur sur toutes choses dans vos vies. Seriez-vous prêts à mourir pour Jésus si vous le deviez ? » J'ai été étonné de leur réponse. Ils ont sérieusement calculé le prix avant de prendre un engagement pour Christ, comme Jésus nous le demande dans Luc 14:33… *quiconque d'entre vous ne renonce pas à tout ce qu'il possède ne peut être mon disciple*. Le résultat ? Ils ont expérimenté un changement durable.

Quelqu'un demanda une fois à un homme d'état chrétien de Suisse : « Comment réagiriez-vous si vous parliez à un jeune intéressé par Dieu, que vous lui disiez qu'il doit renoncer à tout pour suivre Christ, mais qu'il n'est pas prêt à cela. Puis il s'en va, traverse la route, se fait renverser par une voiture et meurt là sur la chaussée. Comment vous sentiriez-vous par rapport à votre « ligne dure » ? Le vieil homme répondit : « Je commencerais par m'asseoir et pleurer, puis je me reprendrais et j'irais dire la même chose à la personne suivante. » Il savait qu'un engagement total serait un engagement durable. Il lui fallait dire la vérité et laisser les individus faire leur choix.

Jésus requiert un engagement total. Les véritables chrétiens ont Christ comme Seigneur de chaque aspect de leur vie, et ils le démontrent. Pour prendre ce genre d'engagement, vous devez sérieusement calculer le prix.

REFLEXION
En quoi avez-vous calculé le prix avant de vous engager pour Christ ?

Jour 2
Considérer le prix

Des grandes foules suivaient Jésus. Elles étaient enthousiastes de suivre ce nouveau leader qui parlait avec une telle autorité. Mais Jésus savait que leur attachement était superficiel. Il voulait qu'ils réfléchissent vraiment à ce qu'impliquait le fait de le suivre, donc il leur a parlé en paraboles. *Car quel est celui d'entre vous qui, voulant bâtir une tour, ne s'asseye premièrement et ne calcule la dépense, pour voir s'il a de quoi l'achever ? De peur que, en ayant jeté le fondement et n'ayant pu l'achever, tous ceux qui le voient ne se mettent à se moquer de lui...* (Luc 14:28-29).

Calculer le prix
Luc 14:33
Matthieu 10:22 ; 20:22-23

Jésus a donné un message très clair concernant le prix à payer pour le suivre. Il a souligné qu'un individu doit comprendre les termes de la formation de disciple et ne pas la prendre à la légère. *Si quelqu'un vient à moi, et ne hait pas son père, et sa mère, et sa femme, et ses enfants, et ses frères, et ses soeurs, et même aussi sa propre vie, il ne peut être mon disciple* (Luc 14:26). La différence entre notre amour pour Dieu et notre amour pour le membre de notre famille qui nous est le plus proche est aussi grande que la différence entre l'amour et la haine. Il nous est commandé d'aimer tous les hommes et notre prochain comme nous-mêmes. Cependant, lorsque nous comparons cet amour à l'amour que nous avons pour Dieu, il n'y a pas de comparaison. Si Jésus est le Seigneur de ma vie, il est aussi Seigneur de mon couple, de mon argent, de ma famille, de mes possessions, de mon avenir ; Il est Seigneur de tout !

Il y a des années, nous avons conduit une amie juive à la foi en Christ. En résultat, sa famille et beaucoup de ses amis la rejetèrent et refusèrent de lui parler. Elle avait clairement compris le coût de son engagement en faisant de Jésus le Seigneur et le dirigeant de sa vie.

Charles Finney, qui vivait il y a deux cent ans, était un évangéliste qui prêchait souvent aux étudiants sur les campus universitaires. Après sa mort, un sondage a été effectué révélant que quatre-vingt pour cent de ceux qui se sont engagés avec Jésus lors de ses croisades d'évangélisation vivaient encore pour Dieu et étaient victorieux dans leur vie chrétienne des années plus tard. Aujourd'hui, les statistiques nous disent que seuls deux pour cent de ceux qui ont donné leur vie à Jésus lors d'une campagne d'évangélisation vivent encore une relation vitale avec Jésus quelques années plus tard. Finney prêcherait aux étudiants, puis leur dirait d'aller déjeuner et de revenir plus tard s'ils veulent vraiment se repentir et se mettre en ordre avec Dieu. Il voulait qu'ils calculent le prix et soient sûrs de ce qu'ils faisaient. Lorsqu'ils se repentaient, ils calculaient le prix de leur engagement pour Jésus, et ne prenaient pas qu'une décision émotionnelle et désinvolte.

REFLEXION
Que signifie le fait de « haïr » les membres de sa famille, y compris votre propre vie avant que vous ne puissiez devenir un disciple de Jésus (Luc 14:26) ?

Jour 3
Porter la croix

Qu'est-ce que cela veut dire d'être totalement engagé pour Jésus ? Il y a une vieille histoire parlant d'un poulet et d'un cochon marchant le long de la route et croisant un homme paraissant affamé. Le poulet se tourne alors vers le cochon et lui dit : « Pourquoi ne lui préparerions-nous pas un petit-déjeuner d'œufs et de jambon ? »

« C'est facile à dire », réplique le cochon. « Pour toi, ce n'est qu'une contribution, mais pour moi, c'est un engagement total. » Le cochon devrait mourir pour nourrir cet homme.

Il en va de même pour les chrétiens – nous devons littéralement mourir à nos propres désirs quand nous consacrons nos vies à Jésus, parce qu'il a donné sa vie pour nous. Jésus a dit qu'à moins que nous ne portions une croix, nous ne pouvons pas être ses disciples. *Et quiconque ne porte pas sa croix, et ne vient pas après moi, ne peut être mon disciple… Ainsi donc, quiconque d'entre vous ne renonce pas à tout ce qu'il a, ne peut être mon disciple* (Luc 14:27, 33).

Renoncer à soi-même
(porter sa croix)
Tite 2:12
Romains 6:14, 18 ; 8:2
Matthieu 10:38 ; 16:24-26
Marc 8:34-37

Au temps bibliques, le fait porter une croix publiquement était le fait de criminels condamnés à l'exécution. Ils savaient pertinemment qu'ils allaient mourir. Le coût pour devenir un disciple de Christ est un renoncement complet à toute prétention sur sa propre vie. Porter une croix est un symbole de mort à soi-même. Luc 9:23, 24 dit que nous devons « porter notre croix » chaque jour et suivre Jésus. *Et il disait à tous : Si quelqu'un veut venir après moi, qu'il se renonce soi-même, et qu'il prenne sa croix chaque jour, et me suive : car quiconque voudra sauver sa vie la perdra ; et quiconque perdra sa vie pour l'amour de moi, celui-là la sauvera* (Luc 9:23, 24).

Quand vous mourez à vos péchés, vous sa vez votre vie ! Vous êtes libérés de l'esclavage du p ché et vous devenez engagés au service de Dieu, selon Romains 6:22 : *Mais maintenant, ayant été affranchis du péché et asservis à Dieu, vous avez votre fruit dans la sainteté et pour fin la vie éternelle.*

Une jeune femme de Philadelphie était esclave de la prostitution et de la drogue depuis des années. Quand elle livra sa vie à Jésus, elle commença à porter une boucle d'oreille en forme de croix pour rappeler qu'elle était maintenant esclave de Jésus. Elle n'était plus esclave du péché, mais avait choisi de prendre sa croix et de suivre Jésus.

Le salut est un don gratuit de Dieu mais, quand nous recevons ce don gratuit, nous avons la responsabilité de servir le Dieu vivant et de ne rien retenir pour nous-mêmes.

REFLEXION

Dans votre expérience, comment le fait d'avoir perdu votre vie pour Jésus vous a en fait amener à la sauver

Jour 4

Jésus doit être Seigneur de tout

Supposez que je vous propose de vous vendre ma voiture, mais que je mette la condition que je veuille garder la boîte à gants. Vous direz : « C'est ridicule ! La boîte à gants fait partie de la voiture. Si tu me vends la voiture, elle m'appartient – dans son ensemble ! » C'est ainsi que les gens pensent lorsqu'ils viennent à Jésus. Ils disent : « Jésus, je te donne ma vie – toute à part un aspect. » (Cela peut être leurs finances, leur avenir, leur vie de pensées ou une habitude de péché).

Un jeune homme riche demanda à Jésus ce qu'il fallait faire pour hériter de la vie éternelle (Matthieu 19:16-22). Jésus savait que le domaine auquel le jeune homme s'accrochait était sa richesse, donc il lui dit de vendre ses possessions et de les donner aux pauvres. Le jeune homme s'en alla tout triste, parce que ses richesses représentaient plus pour lui que l'opportunité de marcher avec Jésus. Ses richesses avaient pris la première place dans sa vie. Jésus ne lui a pas donné un système de crédit avec intérêts de vingt-cinq pour cent et paiements mensuels facilités. Il ne lui a pas facilité l'accès. Non, Jésus savait que le dieu de ce jeune homme était l'argent et qu'il lui faudrait s'en débarasser pour permettre à Jésus de prendre la place des richesses dans son cœur. Soit Jésus est Seigneur de tout, soit il n'est pas Seigneur du tout !

Quand vous assemblez un puzzle et qu'il manque une pièce, c'est si frustrant ! Pourquoi ? Il n'est jamais complet. Il n'y a pas de satisfaction. Le péché frustre les gens. Quelque chose manque dans leur vie ; ils n'ont pas la paix. Mais lorsque Jésus devient le Seigneur de leur vie, ils ont maintenant une raison de vivre. Il vient donner la vie en abondance, pleine de sens (Jean 10:10). La Bible dit : *Et c'est ici le témoignage : que Dieu nous a donné la vie éternelle, et cette vie est dans son Fils : Celui qui a le Fils a la vie, celui qui n'a pas le Fils de Dieu n'a pas la vie* (1 Jean 5:11-12).

Quand nous recevons Jésus comme notre Seigneur, nous commençons à expérimenter sa vie. Le seigneur veut que nous ayons une vie enthousiasmante.

Dieu a un plan incroyable pour votre vie aujourd'hui. Mais vous ne marcherez jamais dans la plénitude de ce que le Seigneur a en réserve pour vous à moins que vous ne donniez tout votre être au Seigneur !

REFLEXION
Comment essayez-vous de garder « des boîtes à gants » pour vous-mêmes ?

Jour 5
Vends tout !

Jésus s'attend à ce que nous « vendions » tout pour sa Seigneurie parce qu'il a tout donné pour nous chercher et pour nous sauver. Nous trouvons ce concept étonnant dans une histoire que Jésus a raconté dans Matthieu 13:45-46 : *Encore, le royaume des cieux est semblable à un marchand qui cherche de belles perles ; et ayant trouvé une perle de très grand prix, il s'en alla, et vendit tout ce qu'il avait, et l'acheta.*

Acheté à grand prix
Marc 10:28-31
Actes 10:28
1 Corinthiens 7:23

Le marchand (Christ) est venu pour chercher des hommes et des femmes (les perles) prêts à répondre à son message de salut. Jésus a donné sa vie (tout ce qu'il avait) pour acheter une perle de très grand prix. Chaque chrétien est cette « une perle » achetée à très grand prix (1 Corinthiens 6:20).

Nous pouvons aussi voir cette parabole de la perle comme une image de ce que Jésus a tout donné pour nous sauver, et qu'il s'attend à ce que nous abandonnions complètement à lui une fois que nous l'avons trouvé. Les individus qui cherchent Dieu et le trouvent (la Perle de grand prix) doivent être prêts à sacrifier toutes les autres choses pour lui.

Les disciples des premiers siècles savaient ce que signifie tout abandonner pour Jésus. Quand Jésus a dit aux pêcheurs Jacques et Jean : « Suis-moi ! », ils ont laissé leurs bateaux et leurs filets – leur entreprise, leur source de revenu – et l'ont suivi. Quand Matthieu était assis derrière sa table de collecteur d'impôts, Jésus a passé par là et lui a lancé : « Suis-moi ! » Matthieu a laissé sa position et son travail, et il a suivi Jésus. Zachée, un riche collecteur d'impôts, a grimpé sur un arbre pour pouvoir voir Jésus passer. Jésus s'est arrêté, l'a regardé et lui dit qu'il venait dans sa maison ce jour-là.

Zachée n'a pas hésité. Il est descendu, emmena Jésus chez lui et déclara qu'il rembourserait tous ceux qu'il avait volés.

Jésus lui dit : « *Aujourd'hui le salut est venu à cette maison* » (Luc 19:9). Jésus nous appelle aujourd'hui. Il veut vivre sa vie au travers de nous. Répondons-lui aujourd'hui comme l'a fait Zachée et donnons tout à Jésus.

REFLEXION
Dans la parabole de la perle, quelle était la valeur de la perle ? Comment donnez-vous tout au Seigneur ?

Jour 6
Tout lui appartient

Jésus a dit que si nous étions attirés par les choses terrestres, nos cœurs se retrouvaient esclaves de ces choses. *Car là où est votre trésor, là sera aussi votre cœur* (Luc 12:34).

Le fait de s'abandonner à Jésus implique que nos intérêts changent, ils passent d'intérêts égoïstes à Jésus Christ. Les trésors terrestres ne nous accrochent plus autant, parce que nous n'en sommes plus esclaves. Nous devons renoncer à tout ce qui pourrait nous empêcher de mettre Dieu à la première place. Cela inclut chaque lien matériel, physique et émotionnel que nous avons dans ce monde. Nous devons donner à Dieu nos porte-monnaie, nos économies, nos maisons, nos familles, notre travail, nos loisirs, nos espérances, notre passé, notre présent, notre avenir – tout !

Que se passe-t-il alors ? Lorsque nous sommes prêts à tout déposer, nous découvrons que Dieu nous le reconfie. Il dit : « Je te redonne ta maison et ta famille et ton argent, mais à chaque fois que j'en ai besoin, tu dois me les donner. Ils sont à moi. Ils m'appartiennent tous. » Voilà ce que veut dire tout donner à Jésus. Nous réalisons alors que nous sommes les intendants de ces choses et non leurs propriétaires. Il est le propriétaire !

Ma famille appartient à Jésus. Mon compte en banque appartient à Jésus. Ma maison appartient à Jésus. Ma voiture appartient à Jésus. Parfois, je m'arrête pour prendre un auto-stoppeur parce que ma voiture appartient à Jésus, et je crois qu'il désire que j'aide ceux qui en ont besoin.

Juan Carlos Ortiz raconte l'histoire de personnes en Argentine qui sont devenues chrétiennes et qui ont vendu leur maison, leur voiture et d'autres possessions, et qui les ont donné à l'église. L'église les leur a redonnés en disant : « Tout cela appartient à Jésus, utilisez-les pour le servir. Quand quelqu'un a besoin d'une maison pour y habiter ou d'un transport en voiture, nous vous contacterons. » C'est exactement ainsi que Dieu le désire !

REFLEXION
Quelles sont certaines des choses qui rendent les gens esclaves aujourd'hui ? Comment êtes-vous les intendants plutôt que les propriétaires des choses terrestres ?

Jour 7
Comment renaître spirituellement

Lorsque nous faisons confiance à Jésus, nous croyons en lui et avons une relation personnelle avec lui en tant que Seigneur. Nous lui permettons de nous transformer de l'intérieur. Nous devons lui faire confiance pour qu'il nous change.

Un jour, un responsable religieux d'influence, Nicodème, rencontra Jésus secrètement de nuit et lui déclara qu'il était convaincu qu'il était le Messie. Nicodème était un bon Pharisien qui croyait que le Messie viendrait pour établir un royaume politique pour libérer les Juifs de la domination romaine, et il pensait que Jésus allait accomplir cela. Jésus prit cet homme par surprise quand il répondit… *En vérité, en vérité, je te dis : Si quelqu'un n'est né de nouveau, il ne peut voir le royaume de Dieu* (Jean 3:3).

Nicodème n'était pas prêt à croire que Jésus était venu pour changer le cœur des gens ou que ceux-ci puissent renaître spirituellement. Il ne pouvait pas comprendre qu'un seconde naissance est une naissance de notre esprit spirituelle, surnaturelle, dans le domaine céleste du royaume de Dieu.

En vérité, il faut de la foi de notre part pour pouvoir comprendre la nouvelle naissance, parce que c'est un miracle de Dieu. Vous vous demandez peut-être : « Je ne suis pas sûr d'être déjà né de nouveau. Comment puis-je le savoir ? » Eh bien, un nouveau-né ne dira jamais : « Je ne suis pas sûr d'être déjà né. » Soit vous êtes nés, soit vous ne l'êtes pas. Dans le sens spirituel, soit Christ vit en vous et vous êtes une nouvelle création, soit il ne vit pas en vous et vous avez raté l'examen (2 Corinthiens 13:5).

Si vous êtes nés de nouveau, commencez à vivre la vie nouvelle de Christ qui vit en vous. *Je suis crucifié avec Christ ; ce n'est plus moi qui vis, mais Christ vit en moi ; et ce que je vis maintenant dans la chair, je le vis dans la foi au fils de Dieu, qui m'a aimé et qui s'est livré lui-même pour moi* (Galates 2:20).

Quelle déclaration étonnante. Christ vit réellement en vous quand vous le recevez dans votre vie ! Le même Jésus, qui a marché sur la terre il y a deux mille ans, vit en vous !

REFLEXION
Pourquoi est-il si important de naître de nouveau spirituellement ?
Comment le Seigneur a-t-il changé votre cœur ?

CHAPITRE 3

Confiance totale

VERSET CLÉ À MÉMORISER

…Je sais qui j'ai cru, et je suis persuadé qu'il a la puissance de garder ce que je lui ai confié, jusqu'à ce jour-là.

2 Timothée 1:12

Jour 1

La différence entre la croyance et la confiance

Un chrétien doit être totalement engagé envers le Seigneur. Vous ne pouvez pas enjamber la barrière pour entrer dans le royaume de Dieu. Dieu nous aime tant qu'il a envoyé Jésus pour mourir pour nos péchés. La parole de Dieu dit que nous devons croire en Lui pour avoir la vie éternelle. *Car Dieu a tant aimé le monde qu'il a donné son Fils unique, afin que quiconque croit en lui ne périsse point, mais qu'il ait la vie éternelle* (Jean 3:16).

Que veut dire « croire en lui » ? Beaucoup de gens aujourd'hui professent croire qu'il y a un Dieu ou croient qu'il y a un Dieu. Mais même les démons croient dans l'existence de Dieu. *Tu crois qu'il y a un seul Dieu, tu fais bien; les démons le croient aussi, et ils tremblent* (Jacques 2:19).

Le fait de dire que vous croyez n'est pas suffisant. Il y a une grande différence entre la croyance intellectuelle et la confiance. Le fait de croire réellement signifie faire totalement confiance. Lorsque mes enfants étaient petits, ils avaient l'habitude de se tenir en haut des escaliers de notre maison et de dire : « Papa, attrape-moi ! » Ils ne faisaient pas que croire à mon existence – ils me faisaient totalement confiance, et étaient absolument certains que je les rattraperais quand ils sauteraient dans mes bras.

On raconte l'histoire d'un funambule qui marchait sur une corde tendue au dessus des chutes du Niagara. Il demanda aux gens de l'audience s'ils pensaient qu'il était capable de traverser sur la corde en poussant une brouette et ils ont dit : « Oui ! » Mais quand il leur a dit qu'il avait besoin d'un volontaire pour s'asseoir dans la brouette, personne ne s'est annoncé. Leur croyance n'impliquait pas une confiance totale.

Vous me direz peut-être : « Bof, tant que je suis sincère. » Il n'est pas suffisant d'être sincère. Certaines personnes ont sincèrement tort. J'ai un ami qui pensait qu'il roulait sur une autoroute allant vers l'ouest en direction de Harrisburg, en Pennsylvanie, mais il allait en fait dans la fausse direction et arriva à Atlantic City, dans le New Jersey, à des centaines de kilomètres de sa destination. Il était sincère, mais il s'était sincèrement trompé.

D'autres disent parfois : « Tant que ma doctrine est correcte, tout va bien aller. » Le fait de croire dans la bonne doctrine ou d'avoir un fondement biblique ne va, en soi, pas nous sauver. Nous devons véritablement placer notre confiance en Jésus Christ en tant que Seigneur et entrer dans une relation d'amour personnelle avec lui.

REFLEXION
Avec vos propres mots, expliquez la différence entre croire intellectuellement en Jésus et lui faire totalement confiance.

Jour 2
Nous faisons confiance à Dieu parce qu'il est Dieu !

Nous faisons confiance à Dieu pour une raison : parce qu'il est Dieu. Lorsque nous croyons qu'il est réellement celui qu'il prétend être, nous allons l'aimer de tout notre cœur.

Avant que Jésus ne soit le Seigneur de ma vie, je voyais le christianisme comme une sorte d'« assurance incendie » spirituelle ; en fait, je ne voulais pas finir en enfer ! J'ai rencontré beaucoup de personnes qui ne veulent pas aller en enfer, mais qui ne font pas vraiment confiance à Jésus en tant que Seigneur de leur vie.

L'apôtre Paul démontra sa confiance en Christ lorsqu'il déclara dans 2 Timothée 1:12... *Je sais en qui j'ai cru, et je suis persuadé qu'il a la puissance de garder mon dépôt jusqu'à ce jour-là.* Paul n'a pas dit : « Je sais en quoi j'ai cru », il a dit : « Je sais en qui j'ai cru ». Il avait une profonde relation avec une personne – Jésus Christ.

Dieu n'attend pas de notre part une confiance aveugle. Il révèle qui il est dans sa Parole afin que, alors que nous apprenons à le connaître, nous puissions lui faire plus pleinement confiance en nous appuyant sur notre connaissance (de la Parole). La confiance est basée sur la prédictibilité et le caractère. Les Ecritures qui nous révèlent qui est Dieu et comment il a manifesté son amour aux hommes dans toute l'histoire nous enseignent sur la cohérence de Dieu.

Nous ne faisons pas confiance en Dieu pour ce qu'il peut nous apporter. Bien qu'il soit vrai qu'il « fait des dons aux hommes » (Psaume 68:19), nous lui faisons confiance parce que nous l'aimons. Un jeune homme s'est une fois plaint auprès de moi : « Dieu ne fait rien pour moi. Je l'ai servi fidèlement, et j'espérai qu'une certaine fille chrétienne commence une relation avec moi, mais ça n'a pas marché. Je ne peux plus lui faire confiance. » Il servait clairement Dieu pour des motifs égoïstes. Il essayait d'utiliser Dieu pour gagner quelque chose pour lui-même.

En tant que jeune femme, pouvez-vous imaginer de découvrir la veille de votre mariage que votre futur mari ne voulait vous épouser que parce que votre père possède une grande compagnie et qu'il désire un bon travail bien rémunéré ? La Bible appelle cela l'idolâtrie. Tout ce qui représente plus que Jésus pour nous est une idole dans nos vies. 1 Jean 5:21 dit : *Petits enfants, gardez-vous des idoles.*

Nous faisons confiance à Jésus parce qu'il a donné sa vie pour nous. Si nous l'aimons réellement, nous lui obéirons et lui ferons totalement confiance pour guider nos vies. *Lorsque nous lui faisons confiance, il va nous remplir de joie et de paix. Que le Dieu de l'espérance vous remplisse de toute joie et de toute paix dans la foi, pour que vous abondiez en espérance, par la puissance du Saint Esprit !* (Romains 15:13).

REFLEXION
Quelles sont certaines des idoles que vous avez dans votre vie ? Pourquoi servez-vous Dieu ?

Jour 3
Nous ne pouvons faire confiance à nos émotions

Pendant les quelques premiers mois de ma vie chrétienne, j'avais parfois l'impression de ne pas vraiment être chrétien. Parfois je me sentais proche de Dieu et, le jour suivant, il me semblait à des millions de kilomètres. J'étais de plus en plus déprimé et découragé parce que je pensais que ce que je ressentais reflétait ma condition spirituelle. Puis un conseiller plein de sagesse m'a encouragé à relire 1 Jean 5:13 où il est écrit : *Je vous ai écrit ces choses, afin que vous sachiez que vous avez la vie éternelle, vous qui croyez au nom du Fils de Dieu.*

Croire à la parole de Dieu et faire confiance qu'elle est vraie fait jaillir la foi dans nos cœurs. Je savais que j'avais choisi de croire en Jésus Christ comme mon Seigneur et mon Sauveur. Sa Parole a réglé la question pour moi, parce que j'ai cru qu'elle disait la vérité. Je savais que je ne pouvais pas baser ma relation avec Dieu sur mes émotions ; en fait, j'ai du réaliser que parfois, mes émotions ne s'alignent pas sur la vérité. Je suis en relation avec Dieu parce qu'il dit que je le suis. Il donne tant de promesses auxquelles je peux croire dans sa Parole. La parole de Dieu a amené un sentiment de plus en plus profond de son amour pour moi et m'a aidé à lui faire confiance quelles que soient mes émotions du moment.

Nos vies sont complètement transformées quand nous nous voyons nous-mêmes et les autres en fonction de ce que Dieu dit à notre sujet et à son sujet, et pas en fonction de ce nous ressentons. La piètre vision que les gens ont d'eux-mêmes a souvent ses racines dans la piètre vision qu'ils ont de Dieu. Lorsque nous savons ce que la parole de Dieu dit, nous serons guidés par le St-Esprit pour marcher dans la repentance, la foi et la discipline dans notre vie nouvelle.

Vous êtes un homme nouveau (une femme nouvelle) avec une nouvelle nature qui est renouvelée et transformée, selon Ephésiens 4:22-24 : *Vous avez été instruits à vous dépouiller, eu égard à votre vie passée, du vieil homme qui se corrompt par les convoitises trompeuses, à être renouvelés dans l'esprit de votre intelligence, et à revêtir l'homme nouveau, créé selon Dieu dans une justice et une sainteté que produit la vérité.*

REFLEXION
Pourquoi est-il difficile de faire confiance à ses émotions ?
Comment la parole de Dieu vous a-t-elle amené à vous lever dans votre vie ?

Jour 4
Et si je ne change pas complètement après avoir donné ma vie à Jésus ?

Le fait de devenir chrétien se passe en un instant. Quand nous donnons notre vie à Jésus, nous entrons dans une vie nouvelle. A cause de la grande miséricorde de Dieu, il nous sauve en nous purifiant de nos péchés… *non à cause des oeuvres de justice que nous aurions faites, mais selon sa miséricorde, par le baptême de la régénération et le renouvellement du Saint Esprit* (Tite 3:5).

Votre esprit est purifié en un instant quand le St-Esprit vient vivre en vous. Cela ne signifie pas, cependant, que vous ne pécherez plus jamais. Votre ancienne nature continue à se battre contre votre nouvelle nature, et vous avez un rôle à jouer afin de pouvoir vivre victorieusement. *Je dis donc : Marchez selon l'Esprit, et vous n'accomplirez pas les désirs de la chair. Car la chair a des désirs contraires à ceux de l'Esprit, et l'Esprit en a de contraires à ceux de la chair ; ils sont opposés entre eux, afin que vous ne fassiez point ce que vous voudriez. Si vous êtes conduits par l'Esprit, vous n'êtes point sous la loi* (Galates 5:16-18).

Vivre victorieusement
1 Pierre 1:22
Romains 6:6 ; 8:1, 4-5, 12-14
Galates 5:25 ; 6:8
Hébreux 3:13 ; 12:1
Tite 2:11-12 ; 3:3-7
2 Corinthiens 3:18

Les désirs pécheurs pourront encore vous attirer, mais vous avez maintenant le St-Esprit qui vous pousse vers la sainteté. Votre nature même a été transformée, et c'est dans votre nouvelle nature que d'obéir à Dieu. La puissance que le péché avait dans votre vie est maintenant brisé et un chemin de victoire est ouvert : le St-Esprit vous aide à vaincre le péché. En tant que chrétien, il sera pour vous impossible de vivre dans un style de vie de péché, parce que vous êtes né de nouveau dans une vie nouvelle. Le Seigneur vous rendra conscient de tout péché non confessé dans votre vie, parce qu'il est un Dieu compatissant. Supposez que je vous offre un livre et que je découvre trois semaines plus tard que j'ai encore chez moi deux pages qui font partie de ce livre. Je vais m'assurer que vous receviez ces deux pages pour que vous ne manquiez rien du contenu du livre. De la même manière, le Seigneur ne veut pas que nous manquions quoi que ce soit qui nous empêcherait d'expérimenter une vie chrétienne dirigée par l'Esprit. Il va nous révéler les domaines de nos vies qui ont encore besoin de purification et nous aidera à remporter la victoire dans ces domaines.

Un homme a grandi en haïssant un groupe de voisins qui étaient d'une autre nationalité. Même après qu'il soit devenu croyant, il les regardait avec mépris simplement à cause de leur nationalité.

Finalement, il a lu dans les Ecritures que chacun est sur le même pied d'égalité dans la famille de Dieu quel que soit son arrière-plan (Romains 10:12). Il s'effondra et se repentit devant Dieu de son péché de haine envers ces personnes. Dieu lui donna un cœur nouveau pour ses voisins et il devint ami avec plusieurs d'entre eux. Si nous sommes ouverts, Dieu va continuer à nous purifier, à nous transformer et à nous donner la victoire sur le péché dans notre vie.

REFLEXION
Comment remportez-vous la victoire sur le péché après être devenu un chrétien, selon Galates 5:16-17 ?

Jour 5
Faire confiance à Jésus pour nous pardonner complètement

Souvenez-vous, quand Jésus pardonne nos péchés, il les pardonne quel que soit le nombre que nous ayons commis ou leur gravité. Tous nos péchés passés sont effacés, lavés par son sang répandu sur la croix. Le sang, tant dans l'Ancien que dans le Nouveau Testament, signifie la mort. Christ est mort, substitut divin pour nous pécheurs. Il est devenu le substitut qui subirait la punition pour notre péché de manière permanente ! 1 Jean 1:7 dit que le sang de Jésus nous purifie du péché. *Mais si nous marchons dans la lumière, comme il est lui-même dans la lumière, nous sommes mutuellement en communion, et le sang de Jésus son Fils nous purifie de tout péché.*

Le pardon des péchés
Esaïe 43:25
Jérémie 33:8
Ezéchiel 18:22 ; Actes 3:19
Hébreux 9:28 ; 10:10-18

Quand nos habits sales sont lavés avec de la lessive, ils ressortent sans taches. Le sang de Jésus est la lessive la plus puissante de l'univers. Il nous lave complètement de tout péché. La purification est un processus dans la vie de chaque croyant. En tant que croyants, nous ferons tous nos efforts par sa grâce pour marcher dans la lumière afin d'avoir une communion intime avec Dieu et les uns avec les autres.

Une femme lava une fois les pieds de Jésus avec ses larmes parce qu'elle était si reconnaissante pour le pardon de ses péchés. Jésus a dit... *Ses nombreux péchés ont été pardonnés, car elle a beaucoup aimé* (Luc 7:47).

Le vrai amour pour Jésus provient d'une profonde prise de conscience de notre état de péché passé et du fait qu'il nous a pardonnés complètement. Certains pensent qu'ils ont fait de telles erreurs et ont péché si horriblement que Dieu ne pourra jamais les pardonner. Quel que soit le péché, chacun est pardonné, parce que Dieu aime pardonner le péché quand nous nous repentons.

REFLEXION
Selon 1 Jean 1:7, qu'est-ce qui vous purifie du péché ? Réfléchissez sur la façon dont vous avez expérimenté l'amour de Dieu et le pardon des péchés.

Jour 6
Il ne souvient plus de nos péchés

Quand nous nous repentons de nos péchés, Dieu les pardonne et ne s'en souviendra ni ne les mentionnera plus jamais. Le Psaume 103:12 nous dit : *Autant l'orient est éloigné de l'occident, autant il éloigne de nous nos transgressions* (Psaume 103:12).

Vous ne pourriez pas en être plus éloigné ! C'est aussi loin que vous pouvez imaginer. Quand Jésus pardonne nos péchés, il les pardonne, point final. Dieu nous donne une merveilleuse promesse dans Michée 7:19. Il dit qu'il… *mettra sous ses pieds nos iniquités et jettera au fond de la mer tous nos péchés*.

Cette promesse dessine avec des mots une image étonnante. Nos péchés coulent jusqu'au fond de l'océan pour ne jamais remonter. Dieu non seulement jette nos péchés au fond de la mer la plus profonde, mais je crois qu'il place aussi une pancarte : « Pêche interdite ! »

Quand les Egyptiens ont poursuivi les Israélites dans la mer Rouge, il n'est pas resté un seul Egyptien pour s'attaquer au peuple de Dieu. Ils ont tous péri dans la mer. De même, aucun péché confessé de notre part ne peut survivre au pardon de Dieu. Comme les Egyptiens et leurs chars, nos péchés « *…se sont enfoncés comme du plomb dans la profondeur des eaux* » (Exode 15:10). Nos péchés sont totalement pardonnés, et on ne s'en souviendra plus jamais. Le Seigneur a oublié nos péchés comme s'ils n'avaient jamais été, et il veut que nous les oubliions nous aussi. Nous sommes totalement libérés quand Jésus pardonne nos péchés. Nous pouvons lui faire confiance !

REFLEXION

Quand Dieu pardonne votre péché, s'en souvient-il encore ? Où votre péché va-t-il d'après Michée 7:19 ?

Jour 7
On peut compter sur Lui !

Notre confiance dans le Seigneur est une espérance certaine basée sur ses promesses. Nous pouvons placer notre espoir confiant dans le Seigneur qui promet de ne pas nous décevoir. *Or, l'espérance ne trompe point, parce que l'amour de Dieu est répandu dans nos coeurs par le Saint Esprit qui nous a été donné* (Romains 5:5).

Le Psalmiste met cette « confiance » et cette « espérance » en perspective dans le Psaume 146:3-5 quand il dit : *Ne vous confiez pas aux grands, aux fils de l'homme, qui ne peuvent sauver. Leur souffle s'en va, ils rentrent dans la terre, et ce même jour leurs desseins périssent. Heureux celui qui a pour secours le Dieu de Jacob, qui met son espoir en l'Éternel, son Dieu !*

Nous ne pouvons pas faire confiance à de simples hommes mortels, mais nous pouvons faire confiance à notre Dieu ! Nous pouvons compter sur lui pour nous donner ce qu'il nous a promis. Il nous donne de l'espérance.

Je suis béni quand mes enfants me croient quand je leur fais une promesse. Cela me ferait de la peine s'ils ne me faisaient pas confiance. Notre Père céleste ressent les choses de la même façon avec nous, ses enfants. Il a démontré sa fidélité envers nous. Nous pouvons totalement lui faire confiance, ainsi qu'à sa parole. Le fondement de notre confiance en Dieu vient de la nature même de Dieu, de Jésus Christ et de sa Parole. Nous ne pouvons pas placer notre confiance en d'autres êtres humains, dans des possessions matérielles ou dans n'importe quelle autre chose sur cette terre. Notre confiance constante ne vient que du Seigneur qui *ne trompe pas* (Romains 5:5).

REFLEXION

Si vous vous confiez en Dieu, quelle est sa promesse (Psaume 146:3-5) ? Partagez avec quelqu'un les situations où vous avez du faire confiance à Dieu.

CHAPITRE 4

Bouillant, froid ou tiède ?

VERSET CLÉ À MÉMORISER

…Je me tiens à la porte, et je frappe.
Si quelqu'un entend ma voix et ouvre la porte,
j'entrerai chez lui, je souperai avec lui,
et lui avec moi.

Apocalypse 3:20

Jour 1
Ni chaud ni froid

Si nous sommes désinvoltes par rapport à notre relation avec Jésus, nous sommes comme un verre d'eau tiède, ni chaud ni froid. Quelqu'un vous a-t-il déjà offert un verre d'eau tiède par un jour d'été torride alors que vous souhaitiez un verre d'eau froide rafraîchissante ? Quelle frustration ! Vous l'avez probablement crachée hors de votre bouche de déception ! De la même manière, Jésus déteste la tiédeur dans nos vies.

L'église de Laodicée était remplie de chrétiens tièdes qui faisaient des compromis avec le monde. Ils professaient être chrétiens, mais ils ressemblaient plus au monde qu'à Christ. Christ dit qu'ils ne le réalisaient pas, mais qu'ils étaient « pauvres, misérables, aveugles et nus » (Apocalypse 3:17).

Le Seigneur avertit cette église de son jugement contre leur condition spirituelle dans Apocalypse 3:15-17 : *Je connais tes oeuvres. Je sais que tu n'es ni froid ni bouillant. Puisses-tu être froid ou bouillant ! Ainsi, parce que tu es tiède, et que tu n'es ni froid ni bouillant, je te vomirai de ma bouche.*

Dieu déteste la tiédeur. Il veut notre plein engagement plutôt qu'un compromis avec le monde entraînant l'apathie. Notre tiédeur laisse un mauvais goût dans sa bouche, et il va nous vomir !

REFLEXION
Pourquoi le Seigneur déteste-t-il la tiédeur spirituelle ?
En quoi ressemblez-vous plus au monde qu'à Christ ?

Jour 2
Compromis spirituel

Comme nous venons de l'apprendre, le Seigneur nous veut complètement engagés pour lui et sans compromis. La tiédeur le repousse. Nous ne pouvons pas essayer d'avoir un pied dans le royaume de Dieu et un pied dans le royaume des ténèbres. Ce genre d'hypocrisie produit le compromis spirituel et déplaît à Dieu.

Une des raisons pour lesquelles Dieu est si préoccupé par la tiédeur est qu'il sait que les gens observent nos vies. La Bible dit que nos vies sont comme une lettre que Dieu écrit pour les gens qui nous observent. *C'est vous qui êtes notre lettre, écrite dans nos coeurs, connue et lue de tous les hommes* (2 Corinthiens 3:2).

Nos vies sont la seule Bible que beaucoup de gens liront jamais. Examinons nos vies spirituelle aujourd'hui. Sommes-nous tièdes ? Si nous ne trouvons pas bouillants – enthousiasmés par les choses de Dieu – suivons la prescription du Seigneur. Nous la trouvons dans Apocalypse 3:19... *Aie donc du zèle, et repens-toi* (la version anglaise Living Bible traduit : *Deviens enthousiaste pour les choses de Dieu*).

C'est notre choix. Je choisis d'être bouillant. Et vous ?

REFLEXION
Comment est-il possible d'avoir un pied dans le royaume de Dieu et un autre dans le royaume des ténèbres ? Pourquoi est-il important pour vous de devenir enthousiaste pour les choses de Dieu ?

Jour 3
Un chemin qui semble juste

On raconte une histoire au sujet d'un bateau de croisière avec des passagers répartis en cabines de première et de seconde classe. Après quelques jours en mer, le capitaine annonça qu'à partir de maintenant, chacun serait traité en première classe, quelle que soit le prix qu'il a payé. Il y aurait du homard et de la cuisine raffinée pour tous. Les gens s'enthousiasmèrent et s'empiffrèrent de nourriture, s'exclamant que c'était là le meilleur capitaine du monde. Seul le capitaine connaissait la véritable raison derrière cette offre – le bateau était en train de couler et dans quelques temps, tout le monde serait mort.

Le compromis spirituel
2 Corinthiens 11:3 ; 3:14 ; 10:5

C'est de cette manière que le diable nous ment. Il nous dit : « Profite de tout, ne t'inquiète pas – mange, bois, réjouis-toi. Tu peux déterminer ta propre vérité. Dieu n'exige pas vraiment que tu vives une vie sainte. Tout le monde le fait. » Mais notre propre sagesse ne peut pas déterminer ce qui est juste et ce qui est faux. Seule la parole de Dieu peut faire cela. Seule la parole de Dieu peut nous dire si nous sommes sur le bon chemin de la vie. Le diable préférerait que nous restions aveugles et ignorants, parce qu'il ne veut pas que les gens sachent que la Bible dit : *Telle voie paraît droite à un homme, mais son issue, c'est la voie de la mort* (Proverbes 14:12).

De manière à déterminer la bonne façon de vivre, nous devons suivre la révélation divine écrite dans la Bible. Tout autre chemin nous conduit à la mort spirituelle. Nous ne pouvons pas nous permettre d'être trompés.

Le plan de l'ennemi pour nos vies est de nous détruire, de nous dérober et de nous tuer. Il vole la joie, la paix et l'espérance des vies de ceux que le Seigneur a créés pour expérimenter une vie authentique et abondante. Jésus Christ est venu pour nous donner cette qualité de vie-là, pleine de joie et d'enthousiasme ! Jésus l'a formulé comme ceci : *Le voleur ne vient que pour dérober, égorger et détruire ; moi, je suis venu afin que les brebis aient la vie, et qu'elles soient dans l'abondance* (Jean 10:10).

La Bible nous dit que Jésus est venu pour détruire les œuvres du diable (1 Jean 3:8). Il semble insensé de ne pas vouloir être dans l'équipe gagnante de Dieu !

REFLEXION

Il y a un chemin qui peut vous sembler juste, mais quelle est sa destination ? Que pouvez-vous apprendre de l'histoire du bateau de croisière ?

Jour 4
Nous sommes-nous détournés de notre premier amour ?

Lorsque nous sommes tièdes spirituellement, nous nous sommes détournés de notre premier amour pour Jésus. Un amour frais vibre et enthousiasme. Mais l'amour perd de son lustre lorsque la communication se tarit. Si nous ne communiquons plus dans une relation avec notre Père céleste, notre amour pour lui va chanceler. Peut être avez-vous invité Jésus Christ dans votre vie en tant que Seigneur il y a longtemps, mais maintenant, vous avez perdu votre premier amour pour lui.

Dans Apocalypse 2:4-5, l'église d'Ephèse avait commencé par une dévotion et un amour profond pour Christ, mais le Seigneur les avertit que leur situation actuelle avec lui souffrait de graves manques. Bien qu'ils aient fait beaucoup de bonnes choses et travaillé dur pour l'évangile, l'amour de leur cœur pour Jésus était mort... *Tu as abandonné ton premier amour. Souviens-toi donc d'où tu es tombé, repens-toi, et pratique tes premières œuvres...*

Le simple fait d'avoir connu le Seigneur intimement dans le passé ne signifie pas nécessairement que nous ayons une relation proche avec lui aujourd'hui. Une fois, alors que je parlais dans une école secondaire publique, je soulignais cette vérité, et j'ai demandé aux étudiants : « Y en a-t-il parmi vous qui connaissent encore leur maîtresse d'école maternelle ? » J'ai été surpris quand une fille à l'arrière de la pièce leva la main et dit : « Bien sûr, c'est ma mère ! » Elle avait marqué un point. Les autres étudiants, cependant, n'avaient pas maintenu une relation avec leur maîtresse d'école maternelle, leur relation actuelle avec elle était donc inexistante. Avez-vous une relation vitale avec votre Père céleste aujourd'hui ? Il est toujours là, attendant que vous et moi revenions à lui. *Approchez-vous de Dieu, et il s'approchera de vous...* (Jacques 4:8).

REFLEXION
Que signifie le fait d'abandonner son premier amour pour Jésus ? Si vous vous détournez de votre premier amour, que le Seigneur vous invite-t-il à faire (Apocalypse 2:5) ?

Jour 5
Il frappe à la porte de notre cœur

Peut-être avez-vous connu Jésus de manière personnelle dans le passé, mais que vous êtes loin de lui aujourd'hui. Vous avez abandonné votre amour autrefois bouillonnant pour Jésus. Dans Apocalypse 3:20, Christ invite les gens tièdes de l'église de Laodicée à revenir en communion avec lui. Il est décrit comme se tenant à la porte attendant d'être réinvité à l'intérieur.

Jésus frappe à la porte de nos vies, attendant que nous nous repentions de notre tiédeur et ouvrions la porte pour le faire entrer. Jésus n'a pas seulement averti l'église de Laodicée de sa condition, il l'a immédiatement invitée à se repentir et à être restaurée dans sa relation avec lui... *Voici, je me tiens à la porte, et je frappe. Si quelqu'un entend ma voix et ouvre la porte, j'entrerai chez lui, je souperai avec lui, et lui avec moi* (Apocalypse 3:20).

Il donne cette invitation depuis le côté extérieur de la porte, en frappant et en plaidant pour être réadmis dans la présence de l'église. Il promet que si elle se repent de sa tiédeur et de son manque d'amour pour lui, il va complètement la restaurer. Quelle promesse étonnante ! Jésus désire avoir une relation personnelle avec vous aujourd'hui. Si vous vous êtes détournés de Dieu, il désire que vous lui rouvriez la porte de votre vie. Et quand vous ouvrirez la porte, il entrera et communiera à nouveau avec vous !

REFLEXION
Que le Seigneur promet-il si vous vous repentez de votre tiédeur (Apocalypse 3:20) ? Comment a-t-il frappé à la porte de votre cœur pour vous ramener en communion avec lui ?

Jour 6
La puissance de votre témoignage

Après avoir reçu Christ en tant que Seigneur de votre vie, il est important que vous donniez votre témoignage aussi souvent que possible à autant de monde que possible. Une des façons de remporter la victoire sur Satan est de parler pour Christ. Apocalypse 12:11 dit : *Ils l'ont vaincu à cause du sang de l'agneau et à cause de la parole de leur témoignage…*

Il y a une puissance spirituelle libérée quand nous témoignons de la façon dont le Seigneur a transformé nos vies ! Chaque chrétien a une histoire importante à raconter sur la manière dont il/elle est venu(e) à Jésus Christ en tant que Seigneur. N'ayez jamais honte de parler pour Christ. *N'aie donc point honte du témoignage à rendre à notre Seigneur, ni de moi son prisonnier. Mais souffre avec moi pour l'Évangile, par la puissance de Dieu qui nous a sauvés, et nous a adressé une sainte vocation, non à cause de nos oeuvres, mais selon son propre dessein, et selon la grâce qui nous a été donnée en Jésus Christ avant les temps éternels…* (2 Timothée 1:8-9).

Les gens vont écouter quand nous partageons nos histoires personnelles sur la manière dont nous sommes venus à Christ. Ils ne seront pas intimidés, parce qu'ils n'auront pas à être d'accord ou non avec nos déclarations. C'est notre histoire, et ils ne peuvent pas nier la façon dont nous avons été convaincus de suivre Jésus. Lorsque nous partageons nos histoires, nous devrions mettre l'accent sur le fait que Dieu les aime et que Jésus est mort pour eux afin qu'ils puissent être pardonnés et renouvelés. Nous devrions leur dire les changements que le Seigneur a faits dans nos vies, ce qui peut leur donner de l'espérance pour leurs propres vies.

REFLEXION

De quoi ne devriez-vous jamais avoir honte ? Partagez votre histoire personne sur la manière dont vous êtes venu à Jésus. Pourquoi est-il important de donner votre témoignage aussi souvent que possible ?

Jour 7
Authentique ou contrefaçon ?

Pour certaines personnes, le christianisme est basé sur l'apparence extérieure ou sur ce qu'ils font plutôt que sur l'authenticité de leur amour pour Dieu. Ils apparaissent justes à l'extérieur, mais à l'intérieur, ils ne sont pas nés de Dieu et de l'Esprit. Jésus réprimanda sévèrement les scribes et les Pharisiens dans Marc 7:6 pour ce genre d'hypocrisie... *Ce peuple m'honore des lèvres, mais son coeur est éloigné de moi.*

Pendant des années, j'ai joué dans la même ligue que les Pharisiens. Je me considérais comme chrétien, mais vivais une vie chrétienne de contrefaçon. Ma famille allait à l'église tous les dimanches pendant mon enfance. Voici mon histoire. Lorsque j'ai eu onze ans, nous avons participé à une rencontre d'évangélisation particulière. Comme je ne voulais vraiment pas aller en enfer, je me suis levé quand l'évangéliste a fait un appel. Par la suite, j'ai été baptisé et suis devenu membre de l'église.

Ce que je désirais en réalité ce soir-là, c'était une « assurance incendie ». J'ai décidé que le christianisme me protégerait de l'enfer, mais cela n'allait pas plus loin que cela. Mon engagement envers le Seigneur était incomplet, il n'a donc pas fallu longtemps pour que je vive une vie chrétienne factice. Je n'agissais comme un chrétien que lorsque j'étais avec mes amis chrétiens (on appelle aussi cela l'hypocrisie). Sept ans plus tard, une amie m'a confronté : « Si tu devais mourir aujourd'hui, serais-tu certain d'aller au ciel ? » Honnêtement, je ne connaissais pas la réponse, j'ai donc répondu : « Personne ne peut affirmer cela. »

La jeune femme n'a pas hésité dans sa réponse. Elle m'a dit : « Eh bien, moi j'en suis certaine. »

J'avais été mis en face de la vérité. Bien sûr, je pouvais parler de Dieu et de la Bible. Cependant, je ne pouvais pas parler de Jésus, parce que je ne le connaissais pas personnellement. J'avais pris une sorte d'engagement avec le Seigneur, mais quelque part, je croyais que Dieu m'accepterait si je faisais assez de bonnes choses en cours de route. Je ne réalisais pas que la vie éternelle ne vient que par la foi en Jésus Christ en tant que Seigneur.

Plus tard ce soir-là, lorsque j'ouvris ma Bible à la maison, tout ce qui y était écrit semblait l'avoir été spécialement pour moi. J'ai lu le passage où Jésus dit : « Vous, hypocrites ! », et je savais que j'étais aussi un hypocrite. Mes amis me considéraient comme « le boute en train de l'équipe », mais je connaissais la vérité. La solitude était ma compagne chaque soir que je passais seul à la maison. Pire encore, j'avais peur que si je mourais pendant la nuit, je mourrais sans Dieu pour l'éternité. J'en suis venu à réaliser que ma conversion était une contrefaçon. Cette nuit-là, j'ai dit : « Jésus, je te donne ma vie. Si tu peux utiliser cette vie pourrie, je te servirai pour le restant de mes jours. »

Dieu me changea miraculeusement au moment où je me suis adressé à lui par la foi. Mes attitudes et mes désirs ont changé. Même ma pensée a commencé à changer. Cette fois, j'étais clairement né de nouveau parce que Jésus Christ était devenu mon Seigneur. J'étais une nouvelle création en Christ, et j'en suis éternellement reconnaissant à Jésus.

Si vous essayez d'apparaître justes, mais continuez à poursuivre des directions de péché dans vos cœurs et vos pensées, vous vivez peut-être une vie chrétienne contrefaite. Il est temps de demander au St-Esprit de mettre la lumière de Dieu sur vos cœurs. Venez à la croix de Jésus, confessez votre péché et acceptez le pardon de Dieu.

Priez cette prière de confession et de repentance, et recevez l'amour et le pardon inconditionnel de Dieu. *Seigneur, je suis tombé dans le piège de l'hypocrisie et soupire après la liberté que je peux avoir en toi. Je confesse avoir essayé d'être juste sans toi et avoir vécu une vie chrétienne contrefaite. S'il te plait, pardonne mon péché afin que je puisse venir sous la puissance, le contrôle et l'influence de Ta justice. Merci de me libérer, Jésus. Je prie pour le courage et la sagesse de vivre ma nouvelle vie en Christ et expérimenter la plénitude et la liberté que tu désires que j'aie.*

REFLEXION

Comment certains chrétiens confessant sont-ils des contrefaçons ? Comment pouvez-vous faire la différence ?

Connaître Jésus Christ en tant que Seigneur
Canevas du chapitre 1
Poser un fondement solide

1. **Le fondement de Jésus Christ**
   (1 Corinthiens 3:11)
   Ex. Le premier pas dans la construction d'une maison – poser un fondement solide.
   a. Jésus proclame être le chemin, la vérité et la vie (Jean 14:6).
   b. Comment est-il possible de tout savoir sur Dieu, mais de ne pas vraiment le connaître personnellement ?
   Ex. Vous savez peut-être des choses sur la reine d'Angleterre, mais vous ne la connaissez certainement pas personnellement.
   c. Dieu S'est révélé a' nous au travers de Jésus Christ (Jean 17:3)

2. **Dieu désire nous connaître personnellement !**
   a. Dieu avait prévu que la beauté de l'univers conduise les hommes à lui. Psaume 19:1, Romains 1:20.
   b. L'existence de Dieu peut-elle être prouvée ? Non, elle doit être acceptée par la foi. Hébreux 11:6.
   c. Pourquoi Dieu cherche-t-il l'humanité ? Pour refléter son image et vivre en communion avec lui (Genèse 1:26).

3. **Jésus – le seul chemin qui conduit à Dieu**
   a. Pourquoi avez-vous été créés ? Dieu a créé l'homme sans péché pour avoir une relation parfaite avec lui.
   b. Après qu'Adam et Eve se soient rebellés, le péché a aliéné l'homme de Dieu. (Genèse 3:6, 14-19).
   c. Comment pouvons-nous connaître Dieu ? Au travers de Jésus Christ. (Jean 14:7, 9).

4. **Réalisons que nous sommes perdus dans nos péchés**
   Romains 3:23
   a. Pécher signifie manquer la cible de la volonté parfaite de Dieu.
   Ex. Impossible de toujours toucher le centre de la cible.
   Histoire de D.L. Moody du maillon faible.

b. Jésus est venu pour résoudre le problème du péché de l'humanité, d'abord en nous convainquant de péché (Jean 16:8), puis nous devons croire que Jésus peut nous sauver de notre péché (Jean 3:18).

5. **Se repentir et croire**
   a. Dieu ne veut pas nous voir périr dans le péché (2 Pierre 3:9).
   b. Quel salaire le péché nous paie-t-il ? La peine de mort (Romains 6:23), mais Dieu nous offre le don gratuit du salut et de la vie éternelle.
   c. Se repentir et croire en la bonne nouvelle (Marc 1:14-15).
   d. *Repentance* signifie *changer, se détourner, transformer.*
   e. La repentance consiste à se détourner de tout ce que nous savons déplaire à Dieu – reddition inconditionnelle.

6. **Confesser Jésus Christ en tant que Seigneur**
   (Romains 10:9)
   Ex. Comme un couple confesse leur engagement mutuel le jour de leur mariage, nous confessons Jésus Christ en tant que Seigneur pour commencer notre relation avec Dieu.
   a. Seigneur signifie dirigeant, roi, patron. Qu'est-ce le fait d'avoir Jésus comme Seigneur signifie pour vous ?
   b. Un jour, chacun se prosternera devant le Seigneur. (Philippiens 2:10-11).

7. **Recevoir le salut et devenir un enfant de Dieu !**
   a. Jésus a pris notre place sur la croix afin que nous puissions connaître Dieu.
   (1 Pierre 3:18).
   b. Vous devez le recevoir pour devenir son enfant (Jean 1:12). Quelle est la différence entre croire et recevoir Christ ?
   Ex. L'argent offert à l'adolescent. Il peut y croire, mais il doit aussi le recevoir.
   c. Avez-vous invité Jésus dans votre vie ? C'est aujourd'hui le jour du salut (2 Corinthiens 6:2).

Connaître Jésus Christ en tant que Seigneur
Canevas du chapitre 2
Calculer le prix

1. **Engagement total requis**
   a. « Invoquez le Seigneur, soyez sauvé » (Romains 10:13). Le fait d'invoquer le Seigneur requiert un engagement total.
   b. Parfois, les chrétiens prêchent un Jésus « faible ». Calculer le prix (Luc 14:33).

   Ex. *Responsable de jeunesse qui change son approche pour présenter un « Jésus qui doit être Seigneur de tout » et qui voit des fruits durables.*

   c. En quoi avez-vous calculé le prix avant de vous être engagé avec Christ ?

2. **Considérer le prix**
   a. Considérer sérieusement ce qu'implique le fait de le suivre. (Luc 14:28-29).
   b. Luc 14:26. Que signifie le fait de haïr les membres de sa famille, y compris notre propre vie ? La dévotion envers sa famille doit prendre la seconde place, derrière la dévotion à Christ.

   Ex. *de la femme juive rejetée par sa famille quand elle a été sauvée. Elle a compris ce que signifie tout abandonner pour suivre Christ.*

   Ex. *Charles Finney demandait à ses étudiants de calculer le prix d'abord. Leur engagement était durable.*

3. **Porter la croix**
   (Luc 14:27, 33),
   Ex. *Histoire du poulet et du cochon*
   a. Porter la croix de Christ est un symbole de la mort à soi-même.
   b. Quand vous mourrez à vos péchés, vous sauvez votre vie ! (Luc 9:23-24).
   c. Comment le fait d'avoir perdu votre vie pour Jésus l'a en fait sauvée ?

4. **Jésus doit être Seigneur de tout**
   a. Matthieu 19:16-22. le jeune homme riche n'était pas complètement engagé envers le Seigneur. Soit Jésus est Seigneur de tout, soit il n'est pas Seigneur du tout !
      Ex. On ne peut pas garder la boîte à gants ! Comment essayons-nous de garder des « boîtes à gants » pour nous-mêmes ?
   b. Pourquoi certaines personnes sont-elles frustrées ? Nos vies ne peuvent remplie de sens que quand Jésus nous donne la vraie vie !
      (1 Jean 5:11-12).

5. **Vends tout !**
   a. Jésus attend de nous que nous abandonnions tout à sa Seigneurie. Parabole de la Perle (Matthieu 13:45-46). Quelle était la valeur de la perle ?
   b. Nous avons été rachetés à un prix (1 Corinthiens 6:20) et devrions être prêts à tout sacrifier pour Christ.
      Ex. Les disciples abandonnant leurs bateaux, leurs filets, leur position de collecteur d'impôts (leur source de revenus) pour suivre Jésus.
   c. Comment tout donner au Seigneur ?

6. **Tout lui appartient**
   a. Les choses terrestres peuvent nous rendre esclaves (Luc 12:34). Quelles sont certaines des choses desquelles les gens sont esclaves aujourd'hui ?
   b. Jésus est le propriétaire, nous sommes les intendants. Comment gérez vous, plutôt que de les posséder, les choses terrestres ?
      Ex. Histoire des chrétiens d'Argentine qui ont vendu des maisons pour les donner à l'église… mais qui les ont reçues en retour pour en être les intendants.

7. **Comment renaître spirituellement**
   a. Nicodème a appris ce qu'était la nouvelle naissance – le fait d'être transformée de l'intérieur (Jean 3:3). Pourquoi est-ce si important d'être né de nouveau spirituellement ?
   b. Commencez à vivre la vie nouvelle de Christ qui vit en vous !
      (Galates 2:20).
   c. Comment le Seigneur a-t-il changé votre cœur ?

Connaître Jésus Christ en tant que Seigneur
Canevas du chapitre 3

Confiance totale

1. **La différence entre la croyance et la confiance**
   a. Croire en Jésus pour avoir la vie éternelle (Jean 3:16).
   b. Beaucoup de gens croient, mais ne font pas réellement confiance. Même l'ennemi croit en Jésus (Jacques 2:19).
      Ex. Les enfants qui font confiance à leur papa et sautent dans ses bras.
   c. Etre sincère n'est pas suffisant. Vous pouvez vous tromper sincèrement.
      Ex. L'homme qui roule (sincèrement) dans la mauvaise direction.

2. **Nous faisons confiance à Dieu parce qu'il est Dieu !**
   a. Nous lui faisons confiance parce que nous l'aimons.
   b. Paul révèle sa confiance en Christ (2 Timothée 1:12).
   c. Ne pas faire confiance à Dieu pour ce que ça peut nous apporter, même s'il va « faire des dons au hommes » (Psaume 68:19).
      Ex. Mauvaise raisons pour servir Dieu : L'homme qui sert Dieu avec l'espoir de pouvoir épouser une certaine fille.
   d. Tout ce qui représente plus que Jésus pour nous est une idole. (1 Jean 5:21).
      Quelles sont certaines des idoles que nous pouvons avoir dans nos vies ?
   e. Alors que nous faisons confiance au Seigneur, il va nous remplir de joie et de paix.
      (Romains 15:13).

3. **Nous ne pouvons faire confiance à nos émotions**
   Ex. Parfois nous nous sentons proches de Dieu et d'autres fois nous nous en sentons très éloignés. Pourquoi ne peut-on pas dépendre de nos émotions ?
   a. Dieu veut que sachions que nous avons la vie éternelle (1 Jean 5:13).
   b. Pensez à vous-mêmes en accord avec ce que Dieu dit à votre sujet, pas en fonction de ce que vous ressentez. Nous sommes transformés et renouvelés.
      (Ephésiens 4:22-24).

4. **Et si je ne change pas complètement après avoir donné ma vie à Jésus ?**
   a. Quand vous devenez chrétien, votre esprit est lavé et purifié. (Tite 3:5).
   b. Comment avoir la victoire sur le péché ? Les désirs de péché peuvent nous harceler, mais le St-Esprit nous donne la capacité de les surmonter (Galates 5:16-18).
      Ex. *Le livre avec des pages qui manquent.*
      Ex. *Un homme raciste devient chrétien et découvre que Dieu peut changer son cœur.*

5. **Faire confiance à Jésus pour nous pardonner complètement**
   a. Qu'est-ce qui nous purifie du péché ? Le sang de Jésus (1 Jean 1:7).
   b. L'amour pour Jésus vient d'une profonde prise de conscience de notre état de péché passé et de la conviction que nous sommes complètement pardonnés. (Luc 7:47).
   c. Réfléchissez sur la manière dont vous avez expérimenté l'amour de Dieu et le pardon des péchés.

6. **Il ne se souvient plus de nos péchés**
   a. Quand Dieu pardonne les péchés, il ne s'en souvient plus (Psaume 103:12).
   b. Où va notre péché ? Au fond de l'océan (Michée 7:19).
      Ex. *Les Egyptiens ont péri dans la mer (Exode 15:10) comme nos péchés.*

7. **On peut compter sur Lui !**
   a. Notre confiance dans le seigneur est une espérance certaine.
   b. Dieu ne va jamais décevoir (Romains 5:5).
   c. Ne jamais faire confiance à des hommes mortels, seulement à Dieu (Psaume 146:3-5).
   d. Dieu va donner ce qu'il a promis.
      Ex. *Je suis béni lorsque mes enfants me croient quand je leur fais une promesse. Dieu ressent la même chose.*

Connaître Jésus Christ en tant que Seigneur
Canevas du chapitre 4
Bouillant, froid ou tiède ?

1. **Ni chaud ni froid**
   a. Jésus déteste la tiédeur (Apocalypse 3:15-17).
   b. L'église de Laodicée était remplie de chrétiens tièdes qui faisaient des compromis avec le monde. Comment certains chrétiens ressemblent-ils plus au monde qu'à Christ ?

2. **Compromis spirituel**
   a. Le fait d'avoir un pied dans le royaume de Dieu et un autre dans le royaume des ténèbres produit le compromis spirituel. Citez quelques manières possibles d'avoir un pied dans chaque royaume.
   b. Pourquoi est-il important d'être enthousiaste au sujet de Dieu ? Nos vies sont la « Bible » que les gens lisent (2 Corinthiens 3:2).
   c. Pas enthousiaste pour les choses de Dieu (Apocalypse 3:19) ? Les gens ne voudront pas ce que nous avons.

3. **Un chemin qui semble juste**
   Ex. *Histoire du bateau de croisière. Que pouvons-nous apprendre ?*
   a. Un chemin peut nous sembler juste, mais quelle est sa destination ? L'ennemi veut que nous restions ignorants des vérités bibliques (Proverbes 14:12).
   b. Suivre la révélation écrite de Dieu dans la Bible.
   c. Jésus est venu pour donner la vie en abondance (Jean 10:10) et détruire les œuvres du diable (1 Jean 3:8).

4. **Nous sommes-nous détournés de notre premier amour ?**
   a. L'église d'Ephèse s'est détournée de son premier amour pour Jésus (Apocalypse 2:4-5). Que signifie abandonner son premier amour ?
   b. Qu'est-ce que le Seigneur nous invite à faire ? Nous repentir.
   c. Avez-vous une relation vitale avec Jésus (Jacques 4:8) ?

5. **Il frappe à la porte de notre cœur**
   a. Dieu invite les chrétiens tièdes à revenir en communion avec lui (Apocalypse 3:20). Que promet le Seigneur si nous nous repentons de notre tiédeur ?
   b. Si vous vous êtes éloigné de lui, le Seigneur vous invite à lui ouvrir à nouveau la porte de votre cœur. A-t-il frappé à la porte de votre cœur ?

6. **La puissance de votre témoignage**
   a. Pourquoi est-il important de donner notre témoignage aussi souvent que possible ? Ecrasez les puissances des ténèbres en témoignant de la façon dont Christ vous a changé (Apocalypse 12:11).
   b. De quoi ne devrions-nous jamais avoir honte ?
   De parler pour Christ (2 Timothée 1:8-9).
   c. Chaque chrétien a une histoire personnelle à raconter sur la manière dont il est venu à Christ.
   En tant qu'enseignant, ce serait un bon moment pour donner votre témoignage personnel au groupe.

7. **Authentique ou contrefaçon ?**
   a. Pour certains, le christianisme est basé sur les apparences extérieures plutôt que sur un réel amour pour Dieu.
   Lire (Matthieu 5:20, 6:1-7, Jean 3:3-6).
   b. Ces gens honorent Dieu avec leurs lèvres, mais leurs cœurs sont éloignés de lui (Marc 7:6).
   Ex. Histoire de la conversion contrefaite.
   c. Comment certains chrétiens confessant sont-ils des contrefaçons ?
   Comment pouvons-nous faire la différence ?

Questions de méditation supplémentaires

Si vous utilisez ce livret comme guide de méditation quotidienne, vous aurez réalisé qu'il y a vingt-huit jours dans cette étude. Selon le mois, vous pourrez avoir besoin des trois études quotidiennes données ci-dessous.

Jour 29
A qui le trésor ?

Lisez Luc 12:16-21. Qu'est-ce que le jeune homme riche s'est dit à lui-même ? Qu'est-ce que Dieu dit ? Comment pourriez-vous tomber dans le même piège ?

Jour 30
Quelle porte ?

Lisez Matthieu 7:13-14. Quelle est la différence entre la porte étroite et la porte large ? Expliquez cette illustration des deux portes par votre expérience personnelle.
Quoi choisit par quelle porte vous entrez ?

Jour 31
Pas de honte ?

Lisez Marc 8:26-29. Comment répondez-vous aux questions que Jésus a posées dans ces versets ? Si vous avez honte de Jésus, que nous dit-il de votre avenir (à moins que vous ne lui confessiez votre péché et receviez sa purification) ?
Que ces versets vous enseignent-ils par rapport à vos priorités ?

Fondements bibliques 2

Le nouveau style de vie

La véritable repentance
et la foi en Dieu

CHAPITRE 1

Les œuvres ou la foi

VERSET CLÉ À MÉMORISER

Car c'est par la grâce que vous êtes sauvés, par le moyen de la foi. Et cela ne vient pas de vous, c'est le don de Dieu. Ce n'est point par les oeuvres, afin que personne ne se glorifie.

Ephésiens 2:8-9

Jour 1

Un principe élémentaire : se repentir des œuvres mortes

Après avoir reçu Jésus comme Seigneur de ma vie, j'ai pris conscience que je devais rebâtir ma vie sur le nouveau fondement des vérités trouvées dans la parole de Dieu. Afin de grandir dans ma vie chrétienne, je devais tout d'abord poser les principes élémentaires du christianisme. C'est seulement alors que je pourrais bâtir sur ces fondements pour croître en maturité.

Les blocs de construction spirituels pour construire dans nos vies sont les vérités fondamentales que l'on trouve dans la parole de Dieu. En commençant dans ce livret et en poursuivant avec les numéros trois et quatre de cette *Série de fondements bibliques* de douze ouvrages, nous allons examiner chacun des six blocs de construction spirituels que nous trouvons dans Hébreux 6:1-2 : *C'est pourquoi, laissant les éléments de la parole de Christ, tendons à ce qui est parfait, sans poser de nouveau le fondement du renoncement aux oeuvres mortes, de la foi en Dieu, de la doctrine des baptêmes, de l'imposition des mains, de la résurrection des morts, et du jugement éternel.*

Dans ce passage, nous sommes encouragés à croître vers la maturité, après avoir posé les éléments de base de 1) la repentance des œuvres mortes 2) la foi en Dieu 3) les baptêmes 4) l'imposition des mains 5) la résurrection des morts 6) le jugement éternel. Les six principes cités dans ces versets nous aident à poser un fondement solide dans nos vies spirituelles.

Dans ce livret, nous nous penchons sur la première pierre de fondement citée dans ce passage : « la repentance des œuvres mortes et la foi en Dieu ». Nous allons apprendre que la foi en Dieu passe toujours avant la foi véritable… *Le fondement du renoncement aux oeuvres mortes et de la foi en Dieu...* (Hébreux 6:1).

« Renoncer aux œuvres mortes » signifie que nous réalisons que toutes les bonnes œuvres que nous faisons ne vont jamais nous amener au ciel. Le salut ne vient que par la foi salvatrice dans le Seigneur Jésus Christ. Les gens qui espèrent pouvoir s'ouvrir un chemin vers le ciel en faisant le bien et en évitant le mal devraient savoir ce que la Bible nous dit, *car quiconque observe toute la loi, mais pèche contre un seul commandement, devient coupable de tous* (Jacques 2:10).

La vérité est que nul ne peut observer la loi de Dieu car même si nous trébuchons sur un point (et nous le ferons, car nous avons une nature pécheresse), nous sommes coupables. En d'autres termes, que j'aie péché une fois ou un million de fois, j'ai brisé la loi. Si un avion s'écrase à mille mètres ou à mille kilomètres de l'aéroport, il s'écrase de la même façon, et les dégâts sont dévastateurs.

Le bien que vous faites ne vous amènera pas au ciel, mais Christ peut vous y emmener !

REFLEXION
Le fait de construire un fondement solide dans notre vie chrétienne implique de comprendre six principes. Lesquels ?
Que signifie le fait de « se repentir des œuvres mortes » ?

Jour 2
Véritable repentance ou fausse repentance ?

Dans le fondement biblique 1, nous avons déjà mentionné que la repentance signifie un changement de notre mentalité et de nos actions. La repentance est un « changement d'état d'esprit intérieur entraînant un changement de direction extérieur ; se tourner et avancer dans une direction complètement nouvelle. »

La repentance
Esaïe 55:6-7
Ezéchiel 18:30-32
Actes 3:19 ; 17:30 ; 20:21

Il y a un chagrin selon Dieu qui accompagne la véritable repentance. Nous nous retrouvons réellement désolés que notre péché ait attristé le cœur d'un Dieu saint. Ce chagrin produit la véritable repentance ; une volonté de changer nos actions. Lorsque nous expérimentons la véritable repentance, nous pouvons jouir du pardon et de la liberté que Jésus nous donne.

Cependant, il existe également une *fausse repentance*. La fausse repentance consiste à *se repentir pour toute autre raison que celle-ci : Dieu est digne de notre obéissance totale*. Par exemple, des enfants surpris par leurs parents en train de faire une bêtise peuvent regretter d'avoir été surpris sans pour autant regretter d'avoir désobéi à leurs parents. C'est la fausse repentance qui, en réalité, n'est pas une repentance du tout.

Le nouveau style de vie 65

Combien de fois avons-nous été coupables de la même chose ? Si nous sommes seulement désolés d'avoir été attrapés au lieu d'être réellement désolés d'avoir blessé le cœur de Dieu, alors nous ne nous sommes pas réellement repentis. Cela signifie que nous ne pouvons pas non plus connaître le pardon de Dieu. 2 Corinthiens 7:10 nous dit que *la tristesse selon Dieu produit une repentance à salut dont on ne se repent jamais, tandis que la tristesse du monde produit la mort.*

La Bible dit que Judas, qui a trahi Jésus, s'est repenti. Mais il n'a pas expérimenté une véritable repentance. Sa « repentance » n'était que remord et regret. Il n'a pas changé de mentalité et de direction comme la repentance biblique l'exige. En fait, après avoir ressenti un remord terrible, il alla se pendre. Il ne pouvait plus trouver de position de repentance. Il ne pouvait plus trouver de moyens de changer sa mentalité.

Le fait d'être désolé n'est pas suffisant. Nous devons faire confiance à Dieu pour nous transformer complètement à l'intérieur. Lorsque nous nous repentons réellement, le sang de Jésus nous purifie de notre péché et nous pouvons aller de l'avant pour vivre une vie nouvelle d'une nouvelle manière. La véritable repentance implique le fait que nous réalisons avoir péché contre un Dieu saint et notre changement de mentalité intérieur entraîne un changement extérieur.

Bien que Dieu nous donne salut et pardon après la véritable repentance, nous pouvons encore souffrir des conséquences de nos péchés passés. Des relations et des familles brisées, une perte de confiance, des maladies sexuelles ou des mauvaises habitudes sont des exemples de conséquences naturelles de péchés passés. Mais le Seigneur promet de nous donner la force de faire face à ces conséquences et de nous aider à vivre victorieusement (Philippiens 4:13).

Nous avons aussi parfois à payer un prix pour notre péché passé. Par exemple, un homme coupable de meurtre qui se tourne vers Christ par la suite voit son péché pardonné par Dieu, mais il a quand même un prix à payer pour les conséquences de ses actes. Sa tristesse et sa repentance ne vont pas l'empêcher d'aller en prison pour son crime.

REFLEXION

Quelle est la différence entre la véritable repentance et la fausse repentance ? Quelle devrait être votre unique raison pour vous repentir ? A quoi le chagrin selon Dieu conduit-il ?

Jour 3
Bonnes œuvres ou œuvres mortes ?

Maintenant que nous comprenons l'aspect repentance dans le fait de « se repentir des œuvres mortes », tournons-nous vers l'aspect œuvres mortes. Nos œuvres sont nos bonnes actions, les bonnes choses que nous faisons. Une œuvre morte est n'importe quelle œuvre, ou bonne action, que nous faisons pour essayer de gagner la faveur de Dieu. Aucune quantité de bonté humaine, d'œuvre humaine, de moralité humaine ou d'activité religieuse ne peut nous rendre acceptables à Dieu ou nous permettre d'aller au ciel.

Les habitants de certaines parties de la Malaisie accomplissent un rituel singulier pour apaiser leurs dieux et tenter de gagner leur faveur. Chaque année, ils choisissent un jeune homme de leur tribu et enfoncent des crochets dans la chair de son dos. Puis une corde est attachée aux crochets dans le dos du jeune homme et reliée à un chariot sur lequel une statue de trente centimètres de haut de la divinité locale est chargée. Les gens croient qu'ils peuvent attirer la faveur de leur dieu quand le jeune homme couvert de sang tire le chariot et l'idole à travers leur ville.

Cela peut sembler être une chose étrange et insensée pour quelqu'un de faire cela, cependant nous faisons une chose similaire quand nous nous confions dans nos bonnes œuvres pour tenter de plaire à Dieu. L'ennemi a planté ses crochets dans nos pensées, nous amenant à croire que nous sommes acceptés par Dieu à cause des bonnes choses que nous faisons. C'est une pensée complètement fausse, en opposition avec ce que la parole de Dieu dit dans Éphésiens 2:8-9 : *Car c'est par la grâce que vous êtes sauvés, par le moyen de la foi. Et cela ne vient pas de vous, c'est le don de Dieu. Ce n'est point par les oeuvres, afin que personne ne se glorifie.*

Nous avons été sauvés par la foi. Nous avons la faveur de Dieu parce que nous avons placé notre confiance dans la personne et l'œuvre de Christ. Seul Jésus Christ nous donne la vie véritable. Les œuvres sont totalement incapables de produire la vie spirituelle en

Le nouveau style de vie   67

nous. Et cependant, nous pouvons tomber dans le piège d'essayer de gagner la faveur de Dieu par nos œuvres. Ces actions sont des œuvres mortes.

L'apôtre Paul réprimandait l'église des Galates parce qu'ils avaient commencé par la foi en Christ, mais qu'ils essayaient maintenant par des œuvres mortes religieuses de grandir spirituellement. *O Galates, dépourvus de sens ! Qui vous a fascinés... Voici seulement ce que je veux apprendre de vous : Est-ce par les oeuvres de la loi que vous avez reçu l'Esprit, ou par la prédication de la foi ? Etes-vous tellement dépourvus de sens ? Après avoir commencé par l'Esprit, voulez-vous maintenant finir par la chair ? Celui qui vous accorde l'Esprit, et qui opère des miracles parmi vous, le fait-il donc par les oeuvres de la loi, ou par la prédication de la foi ?* (Galates 3:1-3, 5).

Les œuvres mortes peuvent être très religieuses. Si les chrétiens placent leur foi dans leur témoignage, ou leur lecture de la Bible, ou leur participation aux réunions de l'église, au lieu de mettre leur foi en Dieu, ces bonnes actions deviennent des œuvres mortes. L'implication dans l'église, l'aide aux pauvres, le don d'offrandes, le fait d'être un bon mari, une bonne épouse ou un enfant obéissant – tout cela peut être des œuvres mortes si nous essayons d'obtenir la faveur de Dieu en les faisant.

J'ai rencontré des gens qui pensent que s'ils cessent leurs mauvaises habitudes, Dieu les acceptera. Ils disent : « Je vais arrêter de fumer, puis Dieu va m'accepter. » Dieu ne nous accepte pas parce que nous avons vaincu une mauvaise habitude. Il nous accepte à cause de son Fils, Jésus Christ, qui est mort sur la croix pour nos péchés il y a deux mille ans, et quand nous le recevons, nous devenons ses fils et ses filles. Quand nous donnons nos vies à Jésus, il va nous donner la puissance et la grâce d'arrêter de fumer ou de briser toute autre habitude qui ne rend pas gloire à Dieu. Mais il nous accepte tels que nous sommes et nous donne la grâce et le désir de changer.

Noter bonté ne nous attire pas la faveur de Dieu. Nous avons déjà la faveur de Dieu ! Dieu nous a appelé à faire des œuvres bonnes, mais nous les faisons parce que nous avons déjà sa faveur, pas pour l'obtenir.

REFLEXION

Dans nos efforts pour tenter de gagner la faveur de Dieu, quelles sont certaines des « œuvres mortes » que les gens accomplissent ? Comment savoir si vos œuvres sont bonnes et non mortes ?

Jour 4
La futilité de nos œuvres pour nous sauver

Nous savons donc maintenant que les œuvres bonnes sont impuissantes pour nous aider à franchir les portes des cieux. La Bible nous dit que même les meilleures « bonnes œuvres » que nous faisons pour plaire à Dieu sont comme un vêtement souillé comparé à sa bonté... *Et toute notre justice est comme un vêtement souillé...* (Esaïe 64:6).

C'est pourquoi toute œuvre bonne accomplie pour impressionner Dieu ou l'homme est une « œuvre morte ». On raconte une histoire au sujet d'un mendiant marchant un jour le long de la route lorsqu'il vit le roi qui s'approchait avec son entourage. Le mendiant fut frappé de stupeur. Puis le roi s'approcha de lui et dit : « Viens t'asseoir sur mon cheval avec moi. » Le mendiant était abasourdi. « Pourquoi le roi ferait-il une telle chose ? », se demandait-il.

Le mendiant mit ses questions de côté et monta sur le cheval du roi. Il cavalèrent jusqu'au palais ensemble et, alors qu'ils entraient dans la résidence royale, le roi dit au mendiant : « Aujourd'hui, je t'ai choisi pour vivre dans mon palais. Je vais te donner de nouveaux vêtements à porter et toute la nourriture somptueuse à laquelle tu peux rêver. Je vais m'assurer que tous tes besoins sont satisfaits. »

Le mendiant réfléchit quelques instants. Tout ce qu'il avait à faire était de recevoir de la part du roi ce que celui-ci avait promis de lui donner. C'était trop beau pour être vrai. Il ne méritait pas un tel traitement royal. Cela n'avait aucun sens. Comment le roi pourrait-il l'accepter et répondre à tous ses besoins alors qu'il n'avait rien fait pour le mériter ?

A partir de ce moment, le mendiant a commencé à vivre par la provision du roi. Cependant, le mendiant pensait : « Je pense que je devrais m'accrocher à mes vieux habits au cas où le roi ne voulait pas vraiment dire ce qu'il a dit. Je ne veux pas courir de risques. » Ainsi, le mendiant s'accrocha à ses vieux vêtements... juste au cas où.

Le nouveau style de vie

Lorsque le mendiant arriva à la fin de sa vie, sur son lit de mort, le roi vint à son chevet. Lorsque le monarque le regarda et vit les vieux haillons toujours agrippés entre les mains du mendiant, les deux hommes commencèrent à pleurer. Le mendiant réalisa finalement que même si il avait vécu toute sa vie avec le roi dans un palais royal, il n'avait jamais réellement fait confiance au roi. Au lieu de cela, il avait choisi de vivre sa vie entière sous une tromperie cruelle. Il aurait du vivre comme un prince royal.

Beaucoup d'entre nous font la même chose. Nous donnons nos vies à Jésus, mais nous insistons pour nous accrocher et faire confiance à nos œuvres et aux bonnes choses que nous faisons, « juste au cas où ». Cependant, le fait de se confier dans ces « œuvres mortes » au lieu de placer toute notre confiance en Jésus-Christ revient à s'accrocher à nos vêtements souillés selon la perspective de Dieu. Le Seigneur ne nous reçoit pas à cause de nos bonnes œuvres. Non, nous sommes acceptés par Dieu seulement à cause de notre foi en son Fils Jésus-Christ et de ce qu'il a fait pour nous sur la croix. Nous sommes justifiés par la foi en lui. Ne soyons pas attrapés, à la fin de nos vies, nous accrochant à nos vieux haillons, parce que d'une certaine manière nous avons trouvé trop difficile de croire que le Seigneur désire nous bénir et nous remplir de sa vie, même si nous ne le méritons pas du tout.

REFLEXION

Examinez-vous vous-mêmes – vous accrochez-vous à certains haillons de bonnes œuvres « juste au cas où » ? A quelle condition Dieu vous accepte-t-il ?

Jour 5
La perspective de Dieu sur nos bonnes oeuvres

Devrions-nous faire des bonnes œuvres, alors ? Oui, absolument ! Dieu veut que nous fassions des bonnes œuvres. Nous démontrons notre amour par nos actions ! Nous devrions faire des millions de bonnes œuvres pendant notre vie, mais uniquement parce que Dieu nous aime et nous a déjà acceptés ; nous ne pouvons pas tenter de gagner sa faveur. Les œuvres ne jouent aucun rôle du tout dans l'assurance du salut. Mais après avoir touché le

Seigneur dans la foi et après avoir su qu'il nous accepte et nous aime tels que nous sommes, nous allons voir grandir en nous le désir d'obéir à Dieu. Nous voudrons faire des bonnes œuvres parce que Dieu nous a transformé. Paul disait aux Ephésiens : *Car nous sommes son ouvrage, ayant été créés en Jésus Christ pour de bonnes oeuvres, que Dieu a préparées d'avance, afin que nous les pratiquions* (Ephésiens 2:10).

Dieu nous équipe pour vivre la vie chrétienne afin que nous désirions agir dans l'immense amour qu'il nous a accordé ! Je ne prends pas soin de mes enfants afin de pouvoir être leur père ; je prends soin de mes enfants parce que je suis leur père et que je les aime profondément. Nous ne faisons pas des bonnes œuvres parce que nous souhaitons devenir justes ; nous faisons des bonnes œuvres parce que nous sommes justes.

J'ai lu un jour une histoire au sujet d'un garçon de huit ans auquel sa mère avait appris à sarcler le jardin familial. Sa mère lui demanda de sarcler deux rangées de haricots. Elle lui montra exactement comment elle voulait qu'il le fasse, puis lui dit : « Maintenant, quand tu auras terminé, vient me le dire. Je viendrais voir le résultat. » Lorsqu'il termina sa tâche selon les instructions reçues, il alla l'appeler pour qu'elle vienne vérifier son travail. Elle jeta un coup d'œil et secoua la tête de désapprobation. « Eh bien, fiston, il semble que tu vas devoir recommencer. Pour la plupart des gars, cela serait suffisant. Mais tu n'es pas la plupart des gars, tu es mon fils. Et je sais que mon fils peut faire mieux que ça ! » Est-ce que sa mère cessa de l'aimer parce qu'il ne s'était pas parfaitement occupé du jardin ? Non. Elle s'attendait simplement à ce qu'il puisse faire mieux. La vie de Dieu en nous produit des bonnes œuvres et un caractère transformé. Son amour pour nous nous motive à vouloir rejoindre les autres et faire de bonnes œuvres pour les bonnes raisons – parce que nous l'aimons de tout notre cœur.

REFLEXION

Si vos propres bonnes œuvres ne plaisent pas à Dieu, comment expliquez-vous Ephésiens 2:10 ? Pourquoi Dieu attend-il des bonnes œuvres de votre part ? Quelle doit être votre seule motivation pour faire des bonnes œuvres ?

Jour 6

La véritable justice

Dans Romains 10:2-3, nous lisons un passage parlant de gens religieux ayant du zèle pour Dieu, mais tentant de gagner leur salut par leurs propres mérites. Ils essayaient d'établir leur propre justice avec Dieu à leur manière. *Je leur rends le témoignage qu'ils ont du zèle pour Dieu, mais sans intelligence : ne connaissant pas la justice de Dieu, et cherchant à établir leur propre justice, ils ne se sont pas soumis à la justice de Dieu.*

Ces gens ne connaissaient pas la méthode de Dieu pour sauver les pécheurs. Ils ne réalisaient pas réellement qu'ils étaient sauvés par la foi en Jésus-Christ. Au lieu de cela, ils tentaient d'établir leur propre justice. Ils étaient sincères dans leurs efforts, mais ils avaient sincèrement tort.

Cela me rappelle un jeune joueur de football qui avait finalement pu s'emparer du ballon et démarrer de manière explosive – en direction de son propre but. Ce jeune homme avait du zèle, et il courut aussi vite qu'il le put, mais il fonçait dans la mauvaise direction ! Il avait un zèle mal dirigé. Notre zèle est mal dirigé si nous ne sommes pas fondés dans une vision correcte de la vérité. Nos bonnes œuvres ne peuvent pas nous obtenir la faveur de Dieu.

Une fois, alors que j'étais dans un pays d'Amérique latine avec un ami, nous avions besoin de payer en pesos pour réserver nos places dans un vol pour quitter le pays. Nous n'avions pas de pesos, nous leur avons donc offert des dollars américains, qui valaient plus que des pesos. Mais malgré toute notre insistance, ils ne voulaient pas les accepter. Le gouvernement avait établi le système monétaire sur les pesos et nous utilisions le mauvais système. Nous avions du zèle, mais cela n'a pas marché.

Nous devons être plus que sincères : nous devons connaître la vérité. Nous devons soumettre nos cœurs à Jésus-Christ. La justice devant Dieu ne vient que par la foi en Jésus-Christ. Satan va nous tenter pour que nous nous confions en quelque chose d'autre – n'importe quoi – que l'œuvre parfaite de Jésus-Christ pour notre salut. Certaines personnes acceptent Jésus en tant que Seigneur, mais ajoutent toutes sortes de bonnes œuvres avec l'espoir de devenir plus justes. Dieu ne nous accepte pas parce que nous mangeons la bonne nourriture, lisons la Bible, prions ou nous habillons de la bonne manière. Notre acceptation est en Jésus, point final ! Nous pouvons pratiquer certaines des bonnes œuvres susmentionnées, mais nous ne les pratiquons pas pour être acceptés par le Seigneur. Nous les pratiquons parce que nous *avons* été acceptés.

REFLEXION
Comment les gens essaient-ils d'établir leur propre justice ?
Comment pouvez-vous savoir si votre « zèle pour Dieu » ne résulte pas en œuvres mortes ?

Jour 7
Qu'est-ce qui est semblable à un tas d'ordures ?

L'apôtre Paul était de pure descendance juive, il avait une prestigieuse éducation grecque et était un des interprètes les plus influents des enseignements et du message du Christ en tant que l'un des premiers missionnaires chrétiens. Mais il considérait toute la connaissance et les grandes choses qu'il avait faites comme un tas d'ordures comparées au fait de connaître Jésus-Christ. Paul écrit dans Philippiens 3:7-8 : *Mais ces choses qui étaient pour moi des gains, je les ai regardées comme une perte, à cause de Christ. Et même je regarde toutes choses comme une perte, à cause de l'excellence de la connaissance de Jésus Christ mon Seigneur, pour lequel j'ai renoncé à tout, et je les regarde comme de la boue, afin de gagner Christ.*

Ceux qui se confient dans leur formation, leurs lettres de recommandations ou leur arrière-plan chrétien pour se rendre acceptables pour Dieu se confient dans les mauvaises choses. Si vous avez grandi dans une famille chrétienne et avez eu l'occasion de vous former au niveau biblique, remerciez Dieu pour cela ! Cependant, même ces bonnes choses sont considérées comme des ordures comparées à la connaissance de Jésus en tant que Seigneur et du fait de se confier dans Sa justice.

Le fait de connaître Christ et d'avoir une relation intime avec lui et bien plus important que ce que nous faisons ou avons fait pour lui. Je suis reconnaissant que mon épouse cuisine mes repas

Le nouveau style de vie 73

et lave mes habits, mais ces bonnes œuvres ne signifient rien en comparaison de notre relation d'amour mutuel. Je jouis par-dessus tout du fait de la connaître. Le même principe s'applique à notre relation avec Jésus.

Si vous vous êtes confiés dans vos bonnes œuvres ou votre issue de secours plus que dans votre relation avec Jésus, vous pouvez vous repentir maintenant, Jésus va vous remplir de son amour et vous connaîtrez sa justice et son approbation.

Lorsque nous nous repentons, nous faisons un « demi-tour » – nous sommes abruptement retournés ! Si nous déménageons d'un endroit géographique à un autre, nous devrons changer d'école ou de place de travail. Nous passons de l'un à l'autre. La véritable repentance précède toujours la foi véritable. Ainsi, dans nos vies spirituelles, nous devons nous repentir de placer notre foi dans des bonnes œuvres et faire un « demi-tour » en plaçant notre foi dans le Dieu vivant uniquement !

REFLEXION

Nommez certaines des choses que l'apôtre Paul appelait « boue » ou « ordures » et dans lesquelles nous avons tendance à nous confier plutôt qu'en la justice de Dieu. Le fait connaître Jésus personnellement est-il la chose la plus importante de votre vie ?

CHAPITRE 2

La foi en Dieu

VERSET CLÉ À MÉMORISER
Or sans la foi il est impossible de lui être agréable ; car il faut que celui qui s'approche de Dieu croie que Dieu existe, et qu'il est le rémunérateur de ceux qui le cherchent.

Hébreux 11:6

Jour 1

Un principe élémentaire : la foi en Dieu

Dans le chapitre précédent, nous avons appris que nous devons nous repentir de tenter de gagner l'acceptation de Dieu en faisant des bonnes œuvres (Hébreux 6:2). Les bonnes œuvres faites pour impressionner Dieu ou les hommes sont des « œuvres mortes » et elles ne nous rapprochent pas de Dieu. Seule une vraie repentance conduit à la foi en Dieu.

La seconde partie de ce verset dans l'épître aux Hébreux dit qu'après la repentance, nous devons passer à la « foi en Dieu ». Le fait de placer notre foi en Dieu est un autre principe élémentaire et fondamental de nos vies chrétiennes. *C'est pourquoi, laissant les éléments de la parole de Christ, tendons à ce qui est parfait, sans poser de nouveau le fondement du renoncement aux oeuvres mortes... de la foi en Dieu* (Hébreux 6:1).

Qu'est-ce que la foi ? C'est quelque chose qui se passe dans le cœur et qui produit une transformation dans nos vies. Nous ne pouvons pas simplement professer Christ comme quelque chose d'uniquement intellectuel. Nous sommes tirés hors de notre péché et entrons dans sa justice par notre foi. La Bible définit littéralement *la foi* dans Hébreux 11:1 lorsqu'elle dit : *Or la foi est une ferme assurance des choses qu'on espère, une démonstration de celles qu'on ne voit pas.*

La foi implique de croire d'abord, puis de voir ensuite. En tant que chrétiens, nous vivons et agissons comme si nous avons déjà vu le Seigneur parce que nous avons confiance en Dieu - nous avons placé notre foi en Lui. Mais bien sûr, Dieu n'est pas visible à l'œil nu. Il est visible seulement à l'œil de la foi. Nous croyons, même si ne « voyons » pas sur le plan physique.

Dieu a appelé Abraham « le père de nombreuses nations » bien avant qu'il ait eu un fils. La Bible dit qu'Abraham qu'il « cru et espéra » (Romains 4:18) que cette promesse s'accomplirait. Il n'attendit pas de voir l'évidence physique avant de croire par la foi.

La foi est un « don de Dieu » (Ephésiens 2:8) et Dieu utilise sa cuiller divine pour vous donner une « mesure de foi », selon Romains 12:3 : *...selon la mesure de foi que Dieu a donn*ée *à chacun.*

Par conséquent, la question n'est pas : « Comment puis-je avoir la foi ? », mais : « Comment puis-je exercer la foi que Dieu m'a déjà donné ? » Nous avons tous foi en quelque chose. Notre avons peut-être la foi en nos capacités pour conduire notre voiture ou dans le fait que le plafond de notre maison ne va pas s'effondrer. Certaines personnes ont foi dans leurs capacités, alors que d'autres ont foi dans leur philosophie. En tant que chrétiens, notre foi doit être centrée uniquement sur le Dieu vivant – en Jésus-Christ.

REFLEXION
Que produit la foi ? Selon Romains 12:3, d'où la foi vient-elle ?

Jour 2
Nous recevons Jésus par la foi seule

Comment recevons-nous Christ en tant que Seigneur ? Par la foi. Comment vivons-nous notre vie chrétienne au quotidien ? Par la foi. Hébreux 11:6 nous rappelle que *sans la foi il est impossible de lui être agréable; car il faut que celui qui s'approche de Dieu croie que Dieu existe, et qu'il est le rémunérateur de ceux qui le cherchent.*

La foi est notre première réponse à Dieu. Nous plaçons notre confiance en Christ par la foi et par la foi seule. Nous ne pouvons dépendre de nos capacités. Nous devons dépendre de *Ses* capacités. Si Billy Graham, l'évangéliste mondialement réputé, dépendait des ses propres œuvres pour être justifié devant Dieu, il n'y parviendrait jamais, parce que le standard de Dieu est la perfection.

La justification par la foi seule
Galates 2:16, 3:11, 5:4-5
Romains 5:1

Voyez-vous, même un grand homme de Dieu comme Billy Graham n'a pas été parfait. Personne n'est parfait en dehors de Jésus-Christ. C'est pourquoi nous devons nous repentir de tenter de gagner l'approbation de Dieu par notre propre moralité ou par nos bonnes œuvres. Nous efforts pour « essayer plus fort » d'être un meilleur élève, une meilleure épouse ou un meilleur témoin chrétien ne pourront jamais nous rendre plus acceptables par Dieu. Le fait de placer notre foi en Dieu est la seule manière de lui plaire. Nous plaçons notre foi dans le Dieu vivant et le servons pour une raison, *parce qu'il est Dieu*. Il est digne de notre louange et notre fidélité.

Le nouveau style de vie

Comme nous avons accueilli Christ par la foi, nous devons tenir ferme et ne pas nous laisser détourner. Lorsque nous recevons Jésus-Christ en tant que Seigneur et plaçons notre foi en lui, nous réalisons que nos vies ne sont plus seulement remplies uniquement de nos propres pensées et désirs, comme c'était le cas avant que nous ne venions à Christ. Les choses ont changé ! Maintenant, Christ vit réellement en nous. Galates 2:20 dit ... *Christ vit en moi; si je vis maintenant dans la chair, je vis dans la foi au Fils de Dieu, qui m'a aimé et qui s'est livré lui-même pour moi.*

Pourquoi est-ce si important ? Parce que lorsque je réalise que Christ vit en moi, je commence à voir la vie d'un point de vue différent. Je la vois comme elle est vraiment. Christ vit en moi. Et le même Saint-Esprit qui demeurait en Jésus-Christ il y a deux mille ans, qui lui donnait le pouvoir de vivre une vie surnaturelle, est aussi en moi, me donnant la capacité de vivre une vie surnaturelle. Sa puissance va me conduire.

REFLEXION
Comment pouvez-vous plaire à Dieu ? Comment Christ peut-il vivre en vous et vous en lui ? De quelles manières Christ vit-il en vous ?

Jour 3
Examinez-vous vous-mêmes

Souvenez-vous, la foi n'est pas basée sur notre apparence extérieure ou sur ce que nous faisons, bien que la foi véritable entraîne toujours un changement de comportement. Nous sommes peut-être membres d'une église, donnons de l'argent chaque semaine dans les offrandes, aidons d'autres personnes et donnons même nos vies pour servir les autres. Mais, comme nous l'avons appris auparavant, ces bonnes œuvres ne font pas d'une personne un authentique chrétien, bien qu'un chrétien va certainement faire toutes ces choses. Les gens qui ressemblent extérieurement à des chrétiens, mais qui n'ont pas de vie spirituelle authentique à l'intérieur, sont des contrefaçons trompeuses.

Le Saint-Esprit nous conduit dans la vérité
Jean 14:7
Psaume 25:5
Jean 14:26

Ces chrétiens-contrefaçons et des chrétiens authentiques se ressemblent parfois tellement à l'extérieur que vous pouvez difficilement les différencier. Dieu désire que nous examinions nos propres vies pour être absolument sûrs de nous sommes authentiques. Les Ecritures nous disent : *Examinez-vous vous mêmes, pour savoir si vous êtes dans la foi; éprouvez-vous vous-mêmes. Ne reconnaissez-vous pas que Jésus Christ est en vous ? À moins peut-être que vous ne soyez réprouvés* (2 Corinthiens 13:5).

Nous devons nous examiner attentivement et comparer de que nous sommes à ce que les Ecritures disent qu'un chrétien devrait être. Les officiers de police qui sont formés à repérer des faux billets de banque passent de nombreuses heures à se former et à étudier les billets authentiques. Lorsque nous étudions les choses authentiques dans la parole de Dieu, et que n nous permettons au Saint-Esprit de nous enseigner, nous connaîtrons la différence entre la réalité et la contrefaçon. La Bible nous dit que le Saint-Esprit va nous conduire dans toute la vérité. *Quand le consolateur sera venu, l'Esprit de vérité, il vous conduira dans toute la vérité* (Jean 16:13). Le Saint-Esprit nous convainc de manière à nous enseigner, à nous corriger et à nous conduire dans la vérité.

Un jour, un ami m'a donné une sucette. Je ne savais pas qu'il avait en fait mangé la sucette et l'avait soigneusement remplacée par un morceau de bois. Lorsque j'ai ouvert le papier, j'ai découvert son habile stratagème ! Chaque chrétien devrait s'examiner lui-même pour déterminer si son salut est une réalité présente ou s'il s'agit d'une contrefaçon.

REFLEXION
Qu'est-ce qui vous aide à reconnaître la différence entre un chrétien authentique et une contrefaçon ? Comment le Saint-Esprit va-t-il vous conduire dans toute la vérité ?

Jour 4
Nous sommes justifiés à travers notre foi en Dieu

Comment savons-nous que nous sommes justes devant Dieu et que nous ne sommes pas une contrefaçon de chrétien ? Romains 3:22 dit que nous sommes justes seulement par la foi en Jésus-Christ. *Justice de Dieu par la foi en Jésus Christ pour tous ceux qui croient...*

Le nouveau style de vie

La *justice* est notre position juste devant Dieu. Une *conscience de la justice* signifie *être constamment conscient de notre position juste devant Dieu par la foi en Jésus-Christ.*

Romains 4:3 nous dit clairement… *Abraham crut à Dieu, et cela lui fut imputé à justice.* Le mot imputé signifie littéralement *crédité.* Le Seigneur crédite notre compte de sa justice lorsque nous croyons en lui ! Imaginez quelqu'un déposant de l'argent sur votre compte en banque chaque semaine. Vous dites : « Je ne mérite pas cela. » Mais votre compte en banque continuerait de grossir, que vous le méritiez ou non ! C'est exactement ce que Dieu fait. La Bible dit que si nous croyons en Dieu, comme Abraham, le Seigneur place sa justice sur notre compte ! Ainsi, le fait d'être juste devant Dieu ne dépend pas de nos performances, mais de notre foi en Jésus-Christ – de notre confiance en lui.

Lorsque nous commençons à confesser la vérité de notre justice par la foi, savez-vous ce qui se produit ? Le Seigneur pourvoit à nos besoins ! *Cherchez premièrement le royaume et la justice de Dieu; et toutes ces choses vous seront données par-dessus* (Matthieu 6:33). Dieu pourvoit à nos besoins parce que nous sommes ses enfants par la foi en Jésus-Christ. Dieu nous rend juste par la foi en Jésus. Dieu nous a acceptés. Lorsque nous le cherchons, il pourvoira pour nous !

Les nouveaux chrétiens font souvent l'erreur de trop s'appuyer sur leurs sentiments. Un jour ils *se sentent* proches de Dieu et le jour suivant, ils ne le *sentent* plus. Nous ne pouvons pas faire confiance à nos sentiments. Nous devons faire confiance à la vérité de la parole de Dieu. Lorsque nous sommes tentés d'être découragés ou déprimés, nous devons prendre la décision, au nom de Jésus, de remplacer ces pensées par celles que Dieu pense à notre sujet. Voyez-vous vous-mêmes comme Dieu vous voit. Voyez les autres comme Dieu les voit. Cherchez d'abord son Royaume et sa justice, et le Seigneur répondra en ajoutant tout ce dont vous avez besoin !

REFLEXION
Qu'est-ce que la justice ? Décrivez comment vous avez reçu la justice par la foi.

Jour 5

Attention de ne pas se soumettre au poids du pécher

Certaines personnes ont la mentalité opposée à une conscience de la vertu ; ils sont sous le poids du pécher. Lorsque les gens ont une conscience du péché, ils sont constamment conscients, ou en train de penser, à leur tendance à l'échec et au péché. Bien qu'il soit vrai que par nous-mêmes, nous ne pouvons pas obéir à Dieu, le Bible dit que nous pouvons faire confiance à sa compétence (avoir foi dans sa force et nous voir au travers d'elle). *Cette assurance-là, nous l'avons par Christ auprès de Dieu. Ce n'est pas à dire que nous soyons par nous-mêmes capables de concevoir quelque chose comme venant de nous-mêmes. Notre capacité, au contraire, vient de Dieu. Il nous a aussi rendus capables d'être ministres d'une nouvelle alliance, non de la lettre, mais de l'esprit; car la lettre tue, mais l'esprit vivifie* (2 Corinthiens 3:4-6).

C'est seulement par la compétence de Dieu que nous sommes capables de faire quoi que ce soit. Nous n'avons absolument aucune chance d'obéir à Dieu par notre propre volonté. Nous devons avoir foi dans la force de Dieu. Chaque fois que nous nous regardons pour tenter de nous faire avancer à la force du poignet, nous commençons à vivre avec une conscience du péché. La conscience du péché tourne nos pensées vers l'intérieur. Nous dépendons de nos propres capacités et devenons fiers quand nous avons du succès, ou alors nous avons l'impression d'être des ratés quand nous vivons des échecs. Au lieu de cela, nous devons regarder Jésus, qui nous donne la force et la paix.

C'est ainsi. Si vous êtes à l'hôpital et qu'ils ôtent votre appendice enflammé, sur quoi allez-vous vous concentrer ? La douleur ? Les points de suture ? Ou allez vous dire : « Gloire à Dieu ! Le poison est ôté. Je suis guéri au nom de Jésus ! » Nous choisissons de penser à l'une des deux choses, la douleur ou la guérison. Si nous gardons nos yeux fixés sur Jésus et sur sa justice, alors Dieu est libre de laisser la vie abondant qu'il nous a promise couler dans nos vies.

Je peux vous promettre que si vous êtes un enfant de Dieu, et s'il y a un domaine dans votre vie où vous péchez, le Seigneur va vous le dire. Il vous aime tant. Il va vous le montrer par sa Parole ou il va mettre des gens sur votre chemin pour vous le dire. Il fera

Le nouveau style de vie

ce qu'il faut pour s'assurer que vous connaissiez la vérité. De cette manière, vous regarderez Jésus et saurez que vous êtes « justice en lui ». Lorsque nous comprenons ce principe et commençons à vivre dans la justice de Dieu, nous commençons à vivre une vie de victoire. Chaque fois que nous tournons nos regards vers nous-mêmes au lieu de les fixer sur Jésus pour notre justice, nous commençons à expérimenter la confusion et le découragement.

REFLEXION
Qu'est-ce qu'une « conscience du péché » ? Pourquoi le fait d'avoir une attitude négative est-il un signe d'une foi faible ? Le fait de nous faire avancer à la force du poignet est-il une idée biblique ?

Jour 6
Plantez vos semences de vertu

Vous êtes-vous déjà réveillé pendant un jour de congé, découvrant que votre réveil est en train de sonner à l'heure habituelle ? Vous vous réveillez, vous préparant à une journée de travail, puis vous réalisez : « Mais c'est samedi ! Je peux continuer à dormir ! » Vous vous éveillez à la vérité.

La Bible nous encourage à nous « éveiller à la justice » : Je peux témoigner ! Je peux être un homme ou une femme de Dieu ! Je peux travailler et y prendre du plaisir ! Je peux élever une famille pour le Seigneur, quelles que soient mes circonstances actuelles ! Je peux faire un pas de foi ! Je peux être victorieux ! Je suis justifié par la foi en Jésus-Christ ! Vous vous éveillez à cette vérité divine que vous pouvez vivre dans la justice et la victoire par la grâce de Dieu. *Revenez à vous-mêmes, comme il est convenable, et ne péchez point; car quelques-uns ne connaissent pas Dieu...* (1 Corinthiens 15:34a).

J'ai entendu une fois l'histoire d'une opération de sauvetage de deux hommes dans un bateau qui avait chaviré. Un hélicoptère lança une corde et le premier homme agrippa la corde et fut hissé dans l'hélicoptère. Mais le second homme criait : « Oh, ne fais pas cela ! C'est extrêmement dangereux de se suspendre à une corde attachée à un hélicoptère. » Les deux hommes avaient un choix. Ils pouvaient soit s'accrocher à cette corde et être hissés en lieu sûr, soit perdre leur vie. Soit nous nous confions en Dieu et recevons sa justice par la foi au lieu de nous confier dans nos œuvres mortes, soit nous mourrons spirituellement. C'est là toute l'importance de cette vérité. La justice par la foi en Jésus est le seul moyen de nous en sortir.

A nouveau, je désire souligner que la justice par la foi n'a rien à voir avec ce que nous ressentons. Elle est basée sur la parole de Dieu et sur ses capacités, pas sur nous et notre capacité limitée à « être bons ». Parfois, cela prend du temps pour voir les résultats d'une vie vécue dans la justice par la foi. C'est comme certaines espèces de bambous tropicaux. Initialement, les nouvelles pousses croissent lentement, mais soudainement, le taux de croissance augmente rapidement et peut atteindre près de soixante centimètres par jour !

Alors n'abandonnez pas. Plantez vos « semences de conscience de la justice » et dites : « Je suis justifié par la foi en Jésus-Christ. » Vous ne vous sentirez peut-être pas différent, mais vous allez continuer de le dire parce que vous savez que c'est vrai. La foi vient de ce qu'on entend, et ce qu'on entend vient de la parole de Dieu (Romains 10 :17). Un jour, la parole de Dieu va porter du fruit dans votre vie et elle va complètement la transformer.

N'ayez pas peur de vous parler à vous-mêmes. Je me parle tout le temps à moi-même. La Bible nous montre que David s'adressait à lui-même : *Il s'encouragea lui-même dans le Seigneur* (1 Samuel 30:6, traduction littérale de la version anglaise King James). Une autre fois, dans le Psaume 103:1, nous voyons David se parler à lui-même : Mon âme, bénis l'Éternel ! Et que tout ce qui est au dedans de moi, bénisse son saint nom ! Nous devrions en faire de même. Je vous encourage à vous lever le matin en disant : « Je suis justifié par la foi en Jésus-Christ. Je suis un homme ou une femme de Dieu. Je peux tout par Christ qui me fortifie aujourd'hui » (Philippiens 4:13).

REFLEXION

Quelles sont certaines façons de vous « éveiller à la justice » ? Comment votre façon de penser est-elle changée ? Lorsque vous confessez la parole de Dieu, que se produit-il ?

Jour 7

Regardez Jésus

Vous rappelez-vous comment Satan a trompé Adam et Eve dans le jardin ? Il continue à tromper et à aveugler la pensée des hommes aujourd'hui. L'ennemi déteste voir des gens placer leur confiance et leur foi dans le Seigneur. Il sait que si nous pouvons entraîner les gens à fixer leurs regards sur la crainte, la pauvreté, la maladie et leurs circonstances, ils vont devenir défaits et déprimés. Certains jours, je ne passe pas beaucoup de temps avec Dieu même si je sais que le Seigneur m'a appelé à chercher sa face, à lire sa Parole et à le contempler. C'est souvent dans ces moments-là que l'ennemi vient à moi et me dit : « Tout est fini, parce que tu as échoué. Maintenant, Dieu ne peut plus t'utiliser. »

Au lieu d'écouter ses mensonges, je prie immédiatement : « Seigneur, je crois ce que ta Parole dit à mon sujet. Je me repens d'avoir « manqué la cible » aujourd'hui, et par ta grâce, Seigneur, je vais à nouveau t'obéir. »

Il y a un jouet que vous pouvez trouver dans certains magasins. C'est un grand jouet avec une lourde base. Lorsque vous le poussez, il se redresse toujours. C'est comme cela que Dieu désire que nous soyons en tant que chrétiens. Nous devons dire : « Je ne vais pas écouter les mensonges du diable. Si j'échoue, je me relèverai au nom de Jésus et continuer avec mon Dieu. »

Un homme de Dieu a dit un jour : « Regardez autour de vous, et soyez dans la détresse. Regardez à l'intérieur, et soyez déprimés. Regardez à Jésus, et soyez dans le repos. » Nous devons faire confiance à Dieu dans la foi pour réellement lui plaire. Le Seigneur a de grands projets pour nos vies selon Jérémie 29:11 : « *Car je connais les projets que j'ai formés sur vous, dit l'Éternel, projets de paix et non de malheur, afin de vous donner un avenir et de l'espérance.* »

Oui, il parle de vous et de moi. Notre Dieu pense à nous et se préoccupe de notre avenir !

REFLEXION
Quelles sont certaines des manières avec lesquelles l'ennemi vous ment ? Quand Dieu pense à vous, quelle est sa volonté pour vous ?

CHAPITRE 3

L'union puissante : La foi et la Parole

VERSET CLÉ À MÉMORISER

Ainsi la foi vient de ce qu'on entend,
et ce qu'on entend vient
de la parole de Christ.

Romains 10:17

Jour 1

Comment savons-nous que la Bible est la véritable parole de Dieu ?

Dans ce chapitre, nous allons découvrir comment la foi et la parole de Dieu, la Bible est un mélange puissant pour nous aider à vivre la vie abondante que Christ désire nous donner. Mais tout d'abord, regardons brièvement pourquoi nous croyons que la Bible est la véritable parole de Dieu. Certains des nombreux livres proclamant aujourd'hui être la parole de Dieu sont le Coran, le Livre de Mormon, la Bhagavad Gita et la Bible. Les chrétiens croient que la Bible est la parole de Dieu et la source de la vérité. Quelle est donc l'évidence prouvant l'autorité et l'origine divine de la Bible ?

La Bible proclame être la parole de Dieu. *Toute Écriture est inspirée de Dieu, et utile pour enseigner, pour convaincre, pour corriger, pour instruire dans la justice (2 Timothée 3:16).* Inspirée signifie *soufflée par Dieu*. Les auteurs des Ecritures ont été guidés surnaturellement pour écrire ce que Dieu voulait. *C'est poussés par le Saint Esprit que des hommes ont parlé de la part de Dieu* (2 Pierre 1:20-21).

Jésus a enseigné que l'Ecriture est la parole inspirée de Dieu jusque dans les moindres détails. *Car, je vous le dis en vérité, tant que le ciel et la terre ne passeront point, il ne disparaîtra pas de la loi un seul iota ou un seul trait de lettre, jusqu'à ce que tout soit arrivé* (Matthieu 5:18).

Bien que des sceptiques aient tenté de détruire l'autorité de la Bible, elle est restée le livre le plus connu dans l'histoire du monde et s'est révélée juste encore et encore. La Bible a été écrite sur une période de mille cinq cent ans, par plus de quarante auteurs différents de toutes sortes d'arrière-plans, dans de nombreux pays différents, touchant des centaines de questions, tout en restant unie dans son message de Dieu. Son unité représente à elle seule une preuve étonnante de l'inspiration divine et de l'autorité de la Bible.

REFLEXION
Que Jésus a-t-il enseigné concernant l'Ecriture en tant que parole de Dieu inspirée ?

Jour 2
Mélanger la foi et la Parole

Nous devons prendre la parole de Dieu et la mélanger avec la foi. Le fait d'entendre la parole de Dieu seulement ne va pas nous changer, mais (par la foi) agir en fonction d'elle va le faire ! Le livre des Hébreux nous dit que... *la parole qui leur fut annoncée ne leur servit de rien, parce qu'elle ne trouva pas de la foi chez ceux qui l'entendirent* (Hébreux 4:2).

Combiner la parole de Dieu avec la foi constitue un mélange surnaturel qui déclanche quelque chose de puissant. Cela me rappelle la résine époxy. Lorsque les deux ingrédients de la résine époxy sont mélangés, quelque chose de puissant se produit et vous pouvez souder ensemble toutes sortes de matériaux avec ce mélange.

Lorsque j'étais un jeune garçon, je voulais un équipement de chimiste. Mes parents ne m'en ont jamais acheté un. Je pense qu'ils avaient peur que je fasse exploser le toit de la maison ! Cependant, j'ai improvisé en faisant mes propres expériences. Un jour, j'ai mélangé du bicarbonate de soude avec du vinaigre et j'ai découvert qu'ils produisaient une belle explosion ! Le bicarbonate de soude et le vinaigre, en eux-mêmes, ne sont pas explosifs, mais lorsque vous les mélangez, une réaction chimique explosive se produit.

De la même manière, vous pouvez déclancher une explosion spirituelle dans votre vie lorsque vous mélangez la parole de Dieu avec votre foi et dites : « Je vais croire ce que Dieu dit et agir en fonction. » La foi véritable jaillit dans votre coeur et vous expérimentez la vie abondante que Jésus a promise. Vous ne fondez pas votre vie sur votre propre justice, mais sur la justice qui vient par la foi en Jésus-Christ et en sa Parole.

Un jour, une femme émotionnellement déprimée vint demander conseil à un sage croyant. Elle expliqua que sa fille était impliquée dans l'immoralité. Il lui donna un conseil tout simple : « Vous devez commencer à vous voir vous-mêmes ainsi que votre fille comme Dieu vous voit. Plutôt que d'être découragée de sa situation, voyez-la derrière la croix de Jésus. Confessez la vérité de la parole de Dieu pour sa vie. »

Quelques mois plus tard, la femme et sa fille revinrent le trouver, un sourire jusqu'aux oreilles. La femme expliqua : « J'ai prié et commencé à voir ma fille de la perspective de Dieu. Elle vivait avec un homme qui n'était pas son mari et, un matin, elle se réveilla si déprimée qu'elle décida de se suicider. Mais, tout d'abord, elle est venue me voir à la maison. Ma famille et moi l'avons reçue avec joie. Elle reçut tant d'amour de la part de notre famille qu'elle prit la décision de donner sa vie à Jésus. Pourquoi ? Parce que nous l'avons vue derrière la croix avec les yeux d'amour de Jésus. » La famille plaça sa foi dans la parole de Dieu plutôt que dans leurs émotions ou leurs circonstances. Le Seigneur aimerait que vous et moi fassions de même.

REFLEXION
Avez-vous déjà fait l'expérience d'une explosion spirituelle dans votre vie ? Donnez un exemple où vous n'avez pas seulement entendu la parole de Dieu, mais avez aussi agi en fonction d'elle dans la foi.

Jour 3
Jésus et sa Parole sont un

Le meilleur moyen de servir Jésus-Christ et de connaître sa volonté pour nos vies est simplement de vivre en obéissant à sa Parole – l'Ecriture. Voyez-vous, Jésus et sa Parole sont un. Apocalypse 19:13 dit… *son nom est la Parole de Dieu.*

Lorsque je voyage, ma femme me laisse souvent des petits mots dans mes bagages. J'aime lire ses notes, parce que c'est comme si elle me parlait. Lorsque la parole de Dieu me dit qu'il m'aime ou me demande de faire quelque chose, c'est comme si Jésus me parlait audiblement de sa propre bouche. Nous pouvons constamment vivre sous la seigneurie de Jésus en écoutant ce qu'il dit – tel que c'est exprimé dans sa Parole. Jésus nous dit : *Les paroles que je vous ai dites sont esprit et vie* (Jean 6:63b).

Les vrais chrétiens ont choisi de vivre leur vie en complète obéissance à la parole de Dieu. Ses Paroles sont esprit et vie pour nous ! La Bible nous conduit directement dans la volonté de Dieu, et elle nous permet de vivre selon ses désirs plutôt que les nôtres. Vous avez besoin de lire la parole de Dieu chaque jour et de confesser Jésus-Christ comme votre Seigneur afin de pouvoir vivre dans la victoire. La parole de Dieu renouvelle votre intelligence. *Ne vous conformez pas au siècle présent, mais soyez transformés par le renouvellement de l'intelligence, afin que vous discerniez quelle est la volonté de Dieu, ce qui est bon, agréable et parfait* (Romains 12:2).

Lorsque nous renouvelons quotidiennement notre intelligence avec la parole de Dieu et obéissons à cette Parole et à la vérité que nous y découvrons, cela non seulement nous aide à mieux connaître Jésus ; cela nous libère ! Lorsque nous obéissons aux paroles qu'il a prononcées pour nous dans les Ecritures et aux paroles qu'il nous donne par son Esprit, nous obéissons à Dieu. C'est pourquoi les Ecritures sont si importantes.

Si j'ai envie de garder rancune contre quelqu'un et que je lis dans les Ecritures que si je ne pardonne pas aux autres, Dieu ne me pardonnera pas non plus (Matthieu 6:14,15), je suis à un carrefour dans ma vie. Soit je choisis mon avis, soit je choisis celui de Dieu. Nous devons faire confiance et obéir à la parole de Dieu pour renouveler notre intelligence et nous transformer.

REFLEXION
Comment la Bible nous conduit-elle dans la volonté de Dieu pour nos vies ? Comment la parole de Dieu a-t-elle renouvelé votre intelligence aujourd'hui ?

Jour 4
Libérez votre foi en confessant la Parole

Vous pouvez libérer votre foi en confessant la parole de Dieu avec votre bouche selon Romains 10 :9-10 : *Si tu confesses de ta bouche le Seigneur Jésus, et si tu crois dans ton coeur que Dieu l'a ressuscité des morts, tu seras sauvé. Car c'est en croyant du coeur qu'on parvient à la justice, et c'est en confessant de la bouche qu'on parvient au salut, selon ce que dit l'Écriture*

Nous sommes sauvés lorsque nous croyons la vérité de la parole de Dieu dans nos cœurs et la confessons de notre bouche. Lorsque nous recevons Jésus, nous recevons l'Evangile, ou la *bonne nouvelle*. La parole de Dieu, la Bible, est remplie de bonnes nouvelles de la part de Dieu.

Être « sauvé » ne signifie pas seulement que nous allons au ciel, aussi merveilleux que cette perspective puisse être. Cela signifie également que nous sommes guéris et libérés à l'intérieur. Cela signifie que nous pouvons être libérés émotionnellement, financièrement, mentalement et dans tous les autres domaines de nos vies. La clé consiste à croire la Parole et à la confesser afin que la foi puisse se mélanger avec la parole de Dieu et libérer des miracles puissants dans nos vies.

Je remercie Dieu chaque jour de ce que je suis justifié par la foi en Jésus-Christ. Je suis reconnaissant pour sa Parole, et je suis reconnaissant pour ce qu'il a fait dans ma vie. Je sais que je suis juste devant Dieu, non à cause des bonnes œuvres que j'ai faites, mais à cause de la foi en Jésus-Christ.

Lorsque je suis devenu chrétien, j'ai commencé à lire la parole de Dieu jour après jour. J'ai commencé à penser et à agir différemment parce que mon intelligence était renouvelée par la parole de Dieu. La foi a jailli en moi comme fruit de cette méditation, comme l'Ecriture le promet dans Romains 10:17 : *Ainsi la foi vient de ce qu'on entend, et ce qu'on entend vient de la parole de Christ.*

REFLEXION
Expliquez comment vous avez libéré votre foi au cours de la semaine écoulée.

Jour 5
Voyez la foi venir

J'ai un ami qui a servi comme pasteur en Inde pendant de nombreuses années. Il disait : « Dans les cultures orientales, nous voyons la Bible différemment que vous. Nous la voyons en image. Nous lisons dans l'Ecriture que la foi vient de ce qu'on entend, et ce qu'on entend vient de la parole de Dieu, et nous voyons réellement la foi venir ! Nous le confessons parce que Dieu le dit, et nous la voyons venir avec nos yeux spirituels. »

Je crois que le Seigneur veut que nous voyions ce qui se passe lorsque nous prenons la Bible au sérieux et déclarons la vérité sur nos vies. Nous allons « voir la foi venir ». La plupart du temps, les gens confondent leurs émotions avec la foi.

Imaginez un train descendant une voie ferrée. Comparons le moteur qui tire le train à la parole de Dieu. Le wagon suivant est notre foi. Et le dernier wagon, le fourgon de queue, représente nos sentiments ou nos émotions.

Lorsque nous plaçons notre foi dans la parole de Dieu, nos « sentiments ou nos émotions » vont toujours suivre comme un fourgon de queue. Cependant, si nous plaçons notre foi dans nos émotions d'abord, nous serons frustrés et l'ennemi va commencer à nous décourager. Nous devons placer notre foi dans la parole de Dieu d'abord. Alors les « sentiments de foi » suivront. La foi n'est pas une émotion. C'est une force puissante et vivante libérée dans nos vies lorsque nous choisissons d'entendre et de confesser la parole de Dieu chaque jour. *Car la parole de Dieu est vivante et efficace, plus tranchante qu'une épée quelconque à deux tranchants, pénétrante jusqu'à partager âme et esprit, jointures et moelles; elle juge les sentiments et les pensées du cœur* (Hébreux 4:12).

La parole de Dieu nous amène à commencer à penser comme Jésus. La parole de Dieu libère la puissance du Seigneur afin que nous puissions connaître la différence entre nos propres pensées (dans l'âme) et les pensées que le Seigneur a placées dans nos esprits.

REFLEXION
Décrivez un moment de votre vie où vous avez « vu la foi venir ». Que se passe-t-il quand vous placez votre foi dans vos émotions plutôt que dans la parole de Dieu ?

Jour 6
Méditer la parole de Dieu

Afin de grandir spirituellement, nous devons lire et méditer la parole de Dieu chaque jour. De cette manière, notre esprit sera renouvelé. Nous devons remplir nos pensées de la vérité de la parole de Dieu, ou nous courons le risque d'être détournés par les philosophies du système du monde qui nous entourent et qui sont complètement opposées à la vérité de Jésus-Christ. Le fait d'exercer notre foi en Dieu implique le fait de lire la parole de Dieu et de lui obéir.

Comment méditons-nous la parole de Dieu ? *Méditer* signifie simplement *ruminer quelque chose pendant un certain temps dans notre pensée.* Josué 1:8 nous dit : *Que ce livre de la loi ne s'éloigne point de ta bouche ; médite-le jour et nuit, pour agir fidèlement selon tout ce qui y est écrit ; car c'est alors que tu auras du succès dans tes entreprises, c'est alors que tu réussiras.*

Les vaches ont plusieurs estomacs. Elles vont remplir leur estomac d'herbe, puis passer le reste de la journée couchées à l'ombre d'un arbre à ruminer. La nourriture passe d'un estomac à l'autre par étapes, remontant de temps en temps pour être mâchée à nouveau. Nous pouvons tirer un parallèle avec le processus de méditation de la parole de Dieu. Nous devons lire la Parole, puis en écrire des portions et la ressortir plusieurs fois par jour pour la mémoriser et la méditer (la mâcher ou la ruminer !).

Lorsque j'ai donné ma vie à Christ, j'ai écrit un verset biblique qui me semblait particulièrement important sur un marque-page. Pendant la journée, je le ressortais pour mémoriser le verset et méditer sur sa signification. J'ai littéralement « ruminé »la parole de Dieu dans mon intelligence jusqu'à ce qu'elle fasse partie de moi. Pendant les cinq premières années de ma vie chrétienne, j'ai mémorisé des centaines de versets bibliques de cette manière.

Il y a une grande différence entre la méditation de la parole de Dieu et la méditation pratiquée avec des techniques de yoga par des gourous hindous ou des moines bouddhistes. Ces responsables religieux comme plusieurs sectes nouvel âge modernes instruisent leurs disciples de méditer avec un objectif principal : *faire le vide dans leurs pensées*. Dans cette déconnection entre le corps et l'esprit, ou état altéré de la conscience, une porte ouverte à l'occulte est ouverte dans l'âme humaine. De façon contrastée, la parole de Dieu nous encourage à *remplir nos pensées* (à méditer) de la parole de Dieu ! Ce faisant, le Saint-Esprit illumine la parole de Dieu dans nos pensées, et nous sommes transformés.

REFLEXION
Quelles sont certaines de vos méthodes de méditation de la parole de Dieu ?

Jour 7
Semer et récolter spirituellement

Dieu nous a appelés, vous et moi, à semer sa Parole en priant selon sa Parole et en l'annonçant aux autres. Jésus a parlé de semeurs de la parole de Dieu dans l'Evangile de Marc en disant : *Le semeur sème la parole... D'autres reçoivent la semence dans la bonne terre; ce sont ceux qui entendent la parole, la reçoivent, et portent du fruit, trente, soixante, et cent pour un...* (Marc 4:14, 20).

Lorsque nous semons la parole de Dieu, Dieu travaille à travers elle pour produire une récolte spirituelle surnaturelle. Cela ne se produire peut-être pas d'un jour à l'autre, ou pendant la première semaine, mais cela se produira.

Entant que jeune garçon, je me souviens avoir jeté quelques graines de melon dans notre jardin. Quelques mois plus tard, nous avions des melons partout ! Lorsque vous semez la parole de Dieu en priant et en confessant la vérité dans nos vies et dans la vie des autres, nous allons voir une récolte abondante pour le Seigneur.

Vous semez des semences spirituelles dynamiques dans les vies par la prière et l'encouragement chaque fois que vous priez pour des bien-aimés ou pour vous-mêmes. Souvenez-vous que Dieu a promis de produire une récolte pour chaque graine que nous semons.

Alors que je voyageais avec un jeune homme qui n'était pas encore chrétien, j'ai commencé à semer une semence spirituelle dans sa vie. Je lui ai simplement dit : « Dieu a un appel sur ta vie et je crois que tu vas devenir un homme de Dieu. Dieu va t'utiliser. » Plusieurs mois plus tard, il m'a dit avoir reçu Christ dans sa vie et m'a rappelé la « semence de vérité » que j'avais semée dans sa vie auparavant.

Le monde entier est le jardin spirituel de Dieu, et il désire semer une semence de vie partout où nous allons. Plantons une semence spirituelle par la foi dans la vie des gens. Nous pourrons alors faire ce que les fermiers font chaque année – prier et attendre que la semence croisse.

REFLEXION

Décrivez une occasion où vous avez semé des semences spirituelles dans la vie de quelqu'un. Avez-vous vu des résultats immédiats ou non ?

CHAPITRE 4

Nous pouvons vivre victorieusement

VERSET CLÉ À MÉMORISER

… Christ vit en moi ; si je vis maintenant
dans la chair, je vis dans la foi
au Fils de Dieu, qui m'a aimé
et qui s'est livré lui-même pour moi.

Galates 2:20

Jour 1

Il y a une bataille à livrer

Pourquoi tant de personnes semblent-elles être désintéressées quand aux choses de Dieu ? Beaucoup ne croient pas en Jésus parce qu'ils sont aveuglés spirituellement par l'ennemi. *Si notre Évangile est encore voilé, il est voilé pour ceux qui périssent ; pour les incrédules dont le dieu de ce siècle a aveuglé l'intelligence, afin qu'ils ne vissent pas briller la splendeur de l'Évangile de la gloire de Christ, qui est l'image de Dieu* (2 Corinthiens 4:3-4).

Satan essaie non seulement de nous cacher la vérité de l'Evangile, il est prêt à se battre contre nous une fois que nous devenons chrétiens. La marche du chrétien est décrite comme un combat spirituel, et nous devons être équipés pour nous battre. Selon Ephésiens 6:12, il y a une bataille menée pour nos âmes. Cette bataille n'est pas contre les gens, mais avec les démons de l'enfer. *Car nous n'avons pas à lutter contre la chair et le sang, mais contre les dominations, contre les autorités, contre les princes de ce monde de ténèbres, contre les esprits méchants dans les lieux célestes.*

La prière et la proclamation de la parole de Dieu brisent ces obstacles démoniaques afin que nous puissions recevoir la parole de Dieu et la conviction du Saint-Esprit, source de vie. Un de mes amis et moi-même sommes allés prier pour un homme qui avait le cancer. Mon ami, la femme croyante de cet homme et sa belle-fille priaient pour son salut depuis de nombreuses années, mais il ne voulait pas recevoir Christ. Après être entré dans son foyer, j'ai eu l'impression de devoir partager mon témoignage avec lui. Environ trente minutes plus tard, il était prêt à recevoir Jésus-Christ en tant que Seigneur de sa vie ! Nous nous sommes réjouis, sachant que la vraie bataille avait été gagnée dans la prière avant ce jour par ceux qui l'aimaient. Dans la prière, son ami, sa femme et sa belle-fille avaient combattu les forces mauvaises qui avaient spirituellement aveuglé leur bien-aimé, permettant à la lumière de l'Evangile de pénétrer.

L'incrédulité vient de l'ennemi et toute sa horde d'anges démoniaques. Nous vivons dans un monde spirituel et devons livrer des batailles spirituelles. *C'est pourquoi, prenez toutes les armes de Dieu, afin de pouvoir résister dans le mauvais jour, et tenir ferme... prenez... l'épée de l'Esprit, qui est la parole de Dieu* (Ephésiens

Le nouveau style de vie

6:13a, 17b). L'épée de l'Esprit que nous utilisons pour vaincre l'ennemi est la parole de Dieu. Comme nous l'avons appris dans le dernier chapitre, nous mélangeons la parole de Dieu avec la foi et semons les graines. Les promesses de Dieu comme quoi nous recevrons une bonne récolte et serons victorieux dans nos batailles.

REFLEXION
Décrivez une occasion où vous avez semé des semences spirituelles dans la vie de quelqu'un. Avez-vous vu des résultats immédiats ou non ?

Jour 2
Complet dans son esprit, son âme et son corps

Il y a un autre champ de bataille : il s'agit de nos pensées. Ma tête est bombardée de nombreuses pensées quotidiennement, certaines d'entre elles ne venant pas de Dieu. Il est important de comprendre que la tentation n'est pas un péché, parce que *chaque chrétien est tenté*. La tentation devient péché lorsque nous y pensons et commençons à lui permettre de contrôler nos pensées et nos actions. Comment gérons-nous les mauvaises pensées qui viennent dans nos têtes ? Nous proclamons la parole de Dieu et résistons au diable dans le nom de Jésus. Puis nous continuons, sachant que nous sommes justifiés par la foi en Jésus-Christ.

En tant que chrétiens, nous avons besoin de nous purifier quotidiennement de chaque péché qui menace de nous contaminer. La Bible nous enseigne que nous sommes composés de trois parties : corps, âme et esprit. Avant que vous ne deveniez chrétien, votre corps, votre âme et votre esprit étaient pollués par le péché. Mais en tant que croyant, vous êtes rendus saints. *Que le Dieu de paix vous sanctifie lui-même tout entiers, et que tout votre être, l'esprit, l'âme et le corps, soit conservé irrépréhensible, lors de l'avènement de notre Seigneur Jésus Christ !* (1 Thessaloniciens 5:23).

Si vous est moi nous parlons face à face vous ne verrez pas tout de moi. Ce que vous verriez est mon corps. Mon esprit est la partie de mon être qui communique avec Dieu. Mon âme est composée de mon intelligence, de ma volonté et de mes émotions.

Comme moi, vous êtes composé de ces trois parties : corps, âme et esprit. Quand nous naissons de nouveau par l'esprit de Dieu, nous recevons Jésus en tant que Seigneur et nos esprits re-naissent instantanément. Nous sommes complètement neufs à l'intérieur. Nos corps vont-ils changer ? Absolument. Observez attentivement des gens remplis de Jésus, ils reflètent la paix du seigneur dans leur apparence. Ils « brillent » à cause de la présence du Seigneur et leurs visages resplendissent de la gloire de Dieu.

Que se passe-t-il pour l'âme ? L'âme ne change pas instantanément. Elle commence à être renouvelée alors que nous lisons et méditons la parole de Dieu. La Bible nous dit d'... *être transformés par le renouvellement de l'intelligence, afin que vous discerniez quelle est la volonté de Dieu, ce qui est bon, agréable et parfait* (Romains 12:2).

A un certain niveau, nous sommes tous le produit de notre passé. Nous avons appris à penser d'une certaine manière (la manière des hommes) au sujet des principales questions de la vie. La parole de Dieu renouvelle notre intelligence afin que nous puissions voir la vie de la *perspective de Dieu* et récolter les bénéfices qui viennent avec la sagesse divine (voir Josué 1:8).

En méditant la parole de Dieu, nous commençons à nous voir nous-mêmes du point de vue du Seigneur et plus de notre propre perspective. Un nouveau chrétien découvrira que son âme (intelligence, volonté et émotions) commence à rattraper petit à petit ce qui s'est produit dans son esprit lorsqu'il a reçu Jésus en tant que Seigneur. Graduellement, il commence à « penser comme Dieu » (il pense selon les lignes directrices révélées dans la parole de Dieu), au lieu de son ancienne manière de penser.

Lorsque nous déposons notre passé (et notre présent) devant le Seigneur, sa paix va veiller à l'entrée de nos cœurs et de nos pensées et nous transformer. *Et la paix de Dieu, qui surpasse toute intelligence, gardera vos coeurs et vos pensées en Jésus Christ. Au reste, frères, que tout ce qui est vrai, tout ce qui est honorable, tout ce qui est juste, tout ce qui est pur, tout ce qui est aimable, tout ce qui mérite l'approbation, ce qui est vertueux et digne de louange, soit l'objet de vos pensées* (Philippiens 4:7-8).

Si nous fixons nos pensées sur les choses saintes dans la vie, la paix de Dieu empêchera les chagrins de ce monde de saccager nos vies. Le Seigneur sait que nous sommes une œuvre inachevée et il va continuer de nous transformer quotidiennement – corps, âme et esprit !

Le nouveau style de vie

REFLEXION
Que faites-vous lorsque vous êtes tenté par le péché ?
Comment votre corps, votre âme et votre esprit sont-ils renouvelés ?

Jour 3
Vous êtes une nouvelle création

A partir du moment où vous êtes nés de nouveau – vous avez reçu Jésus en tant que Seigneur – un miracle s'est produit en vous. Vous êtes devenu une personne toute neuve. Vous êtes une nouvelle création en Jésus-Christ. La Bible dit en 2 Corinthiens 5:17 : *Si quelqu'un est en Christ, il est une nouvelle créature. Les choses anciennes sont passées; voici, toutes choses sont devenues nouvelles !*

Un éléphant se transformant en papillon ne constituerait pas un plus grand miracle ! Oui, il y a un miracle indescriptible qui se produit en nous alors que nous vivons par la foi en Jésus. Souvenez-vous, le fait de placer notre foi en Jésus signifie que nous ne pouvons pas faire confiance à nous-mêmes ou à nos bonnes œuvres. Dans 2 Corinthiens 1:9-10, Paul a été emprisonné et se trouvait dans des circonstances très graves. Il encourage pourtant encore l'église de Corinthe à ne pas se confier en elle-même, mais à faire confiance à Dieu qui seul a le pouvoir de délivrer… *Et nous regardions comme certain notre arrêt de mort, afin de ne pas placer notre confiance en nous-mêmes, mais de la placer en Dieu, qui ressuscite les morts. C'est lui qui nous a délivrés et qui nous délivrera d'une telle mort, lui de qui nous espérons qu'il nous délivrera encore.*

La foi consiste à croire et à faire confiance à Dieu et à Dieu seul. Ce n'est pas une question de « tourner une page » ou simplement de changer certaines de nos vieilles manières d'agir. Non, un miracle s'est produit à l'intérieur. Nous pouvons savoir qu'il s'est produit parce que la parole de Dieu affirme que c'est le cas. Nous savons, par la foi dans la parole de Dieu, que nous sommes de nouvelles créatures en Jésus-Christ. Le christianisme consiste à marcher par la foi, non par la vue ! Nous sommes justes uniquement par la foi en Jésus-Christ, et il nous renouvelle jour après jour.

REFLEXION
Expliquez avec vos propres mots ce que veut dire être « en Christ ».
Quelle est l'évidence que vous êtes une nouvelle créature ?

Jour 4
Libérés !

Quand nous entrons dans l'armée de Dieu, nous sommes libérés de la puissance du péché sur nos vies ; nous sommes libérés de sa culpabilité. Jésus nous dit dans Jean 8:31, 32... *Si vous demeurez dans ma parole, vous êtes vraiment mes disciples ; vous connaîtrez la vérité, et la vérité vous rendra libre.*

La première partie de ce verset dit que nous devons persévérer dans la parole de Dieu – l'aimer, la garder et y marcher – et nous connaîtrons la vérité et expérimenterons la liberté. Personne n'est réellement libre avant que la puissance du péché ait été rendue inopérante alors que nous nous considérons comme morts au péché et vivants pour Dieu. La Bible nous dit que nous sommes adoptés dans la famille de Dieu. *Et vous n'avez point reçu un esprit de servitude, pour être encore dans la crainte ; mais vous avez reçu un Esprit d'adoption, par lequel nous crions : Abba ! Père !* (Romains 8:15).

Chaque personne vivant dans le péché est sujette à la crainte parce qu'elle est coupable ! Sa conscience va la troubler. Mais un chrétien n'a pas cette crainte parce qu'il a été adopté comme enfant dans la famille de Dieu (Jean 1:12, Ephésiens 1:5, Galates 4:5).

La fausse condamnation est un sentiment qui ressemble à la culpabilité, mais qui n'est en fait que de la honte. C'est les restes de sentiments négatifs de notre passé dans le péché. La fausse condamnation nous amène à nous accrocher aux sentiments qui nous disent que nous sommes sales et pécheurs, même après que nous ayons confessé nos péchés et que Dieu nous ait pardonné. Avant d'avoir reçu Jésus en tant que mon Seigneur, j'ai expérimenté une culpabilité authentique au sujet de mes péchés. Cependant, même après avoir reçu le Seigneur, la culpabilité m'a poursuivie bien que j'aie été totalement pardonné du point de vue de Dieu. Puis j'ai lu 1 Jean 1:9 dans la parole de Dieu : *Si nous confessons nos péchés, il est fidèle et juste pour nous les pardonner, et pour nous purifier de toute iniquité.*

A partir de ce moment, j'ai cessé de vivre en fonction de mon passé, de mes émotions et de mes craintes. J'ai commencé à vivre par la parole de Dieu, et la culpabilité m'a quitté. Je savais que j'étais pardonné parce que la Bible me l'a dit ! Je me suis souvenu que Dieu avait « éloigné de nous nos transgressions autant que

Le nouveau style de vie

l'orient est éloigné de l'occident » (Psaume 103:12). J'échappait à toute condamnation pour mes péchés. C'était comme s'ils n'avaient pas été commis du tout. C'est ainsi que Dieu donne libéralement lorsque nous plaçons notre confiance en lui !

REFLEXION
De quelles manières « la vérité » vous a-t-elle libéré ?

Jour 5
Le diable condamne ; Dieu convainc

Le diable nous suggérera que lorsque nous péchons, le chemin pour revenir à Dieu est long. Il tentera de nous faire croire que Dieu ne voudra plus jamais nous utiliser. Mais nous savons qu'il a tort. Si nous péchons, nous devons nous repentir (cesser et changer de direction). Le Seigneur nous pardonne, et nous repartons avec une ardoise effacée et propre.

Parfois, une restitution doit suivre la repentance. Il s'agit du fait de mettre les choses en ordre avec les gens auxquels nous avons fait du tort. Si quelqu'un se repent de vol à l'étalage, il doit rembourser ce qu'il a volé. Bien qu'il soit pardonné dès le moment où il a confessé son péché, il doit faire un pas d'obéissance et restaurer ce qu'il a volé. Lorsque Zachée s'est repenti d'avoir dirigé une agence de collecte d'impôts escroquant les gens, il dit au Seigneur qu'il allait rembourser quatre fois plus que ce qu'il avait volé (Luc 19:8-9).

Quelques temps après avoir reçu Jésus-Christ en tant que Seigneur, j'ai été convaincu par le Saint-Esprit, me rappelant que j'avais trompé un camarade de classe au lycée. Un autre ami et moi faisions des paris avec lui et nous l'avions trompé de sorte qu'il perdait constamment. J'ai écrit à ce camarade, lui ai expliqué ce qui s'était passé et lui ai demandé pardon, remboursant l'argent que je lui avait pris avec un intérêt. Quelques semaines plus tard, j'ai reçu une lettre de sa part m'informant qu'il me pardonnait et me remerciant de lui avoir écrit. Je n'ai pas remboursé ce que je lui avais volé afin de pouvoir être pardonné ; je l'ai remboursé parce que *j'étais* pardonné.

Le diable nous condamne, mais Dieu nous convainc de péché. Quelle est la différence entre les deux ? La condamnation entraîne le doute, la crainte, l'incrédulité et le désespoir. Satan nous condamne pour nous abattre et détruire notre foi. Dieu nous convainc pour nous restaurer dans sa justice et dans la foi. Il nous corrige toujours dans le but de nous construire, et sa conviction apporte toujours l'espérance et un moyen de sortie. *Aucune tentation ne vous est survenue qui n'ait été humaine, et Dieu, qui est fidèle, ne permettra pas que vous soyez tentés au delà de vos forces ; mais avec la tentation il préparera aussi le moyen d'en sortir, afin que vous puissiez la supporter* (1 Corinthiens 10:13).

N'acceptez pas la condamnation de Satan ou d'autre personnes. *Il n'y a donc maintenant aucune condamnation pour ceux qui sont en Jésus Christ. En effet, la loi de l'esprit de vie en Jésus Christ m'a affranchi de la loi du péché et de la mort* (Romains 8:1-2).

Jésus-Christ vous a libéré ! Vous êtes libéré de la loi du péché et de la mort. Il vous a justifié par la foi en lui.

REFLEXION
Repensez à une situation où vous vous sentiez condamné plutôt que convaincu de péché. Expliquez la différence.

Jour 6
Vous pouvez avoir une vie de plénitude

Christ désire nous donner une vie abondante, une vie de plénitude, et il nous le dit quand il déclare… *Je suis venu afin que les brebis aient la vie, et qu'elles soient dans l'abondance* (Jean 10:10).

Le terme *vie abondante* est une traduction du mot grec *zoe* qui signifie *la nature même de Dieu et la source de vie*. Ainsi, la vie abondante est une vie remplie de la nature même de Dieu en nous. Cette vie est abondante en quantité et en qualité – une vie débordante. C'est le genre de vie que Dieu a préparé pour nous, ses enfants.

Christ vit en nous pour nous aider à vivre victorieusement et pleinement. Christ vit en moi ; si je vis maintenant dans la chair, je vis dans la foi au Fils de Dieu, qui m'a aimé et qui s'est livré lui-même pour moi (Galates 2 :20b). Je me souviens encore vivement quand cette vérité est devenue réelle pour moi. Je travaillais alors dans la ferme familiale. Je déplaçais du bétail et me lamentait de mon incapacité à accomplir cette tâche. Puis j'ai demandé la sagesse de Dieu plutôt que de me confier dans mes propres forces. En confessant la vérité de « Christ qui vit en moi », j'ai reçu l'énergie pour terminer mon travail ! J'ai reçu une révélation claire du fait que le Seigneur vivait en moi et désirait m'amener à dépendre de sa force et de lui seul !

Voulez-vous savoir quelle est la volonté du Seigneur pour votre vie ? Bien sûr que vous le voulez ! Faites complètement confiance au fait que Jésus est au contrôle de votre vie et désire vous donner la force dont vous avez besoin pour persévérer. Commencez à renouveler votre intelligence quotidiennement avec la parole de Dieu, et vous découvrirez les projets du Seigneur pour votre vie. Nos pensées sont comme le canevas d'un peintre, et la parole de Dieu est le peintre. Dieu, le Saint-Esprit, est comme le pinceau qui désire peindre une image claire concernant sa volonté pour nos vies, mais nous avons besoin de suffisamment de peinture pour qu'il puisse peindre une image claire.

Brièvement, voici quelques choses que nous pouvons faire pour grandir spirituellement. Nous devrons adorer Dieu chaque jour (Jean 4:23-24). Nous avons besoin de le prier et de lire la Bible. Il est aussi important d'adorer avec d'autres chrétiens de manière régulière (Hébreux 10:24-25). Nous devons trouver une église locale et développer des relations avec les gens qui la composent. En plus, nous devrions partager l'Evangile avec d'autres qui ont besoin de l'entendre (Matthieu 28:19-20). Lorsque nous faisons ces choses, nous pouvons nous attendre à ce que notre style de vie change. Nous allons commencer à expérimenter la vie abondante que Jésus est venu nous donner !

REFLEXION
Nommez certaines des choses que vous faites pour vous aider à expérimenter une vie abondante en Christ.

Jour 7
Vous êtes accepté (e) !

Ephésiens 1:6 nous dit que nous sommes « acceptés dans le bien-aimé » (la famille de Dieu). Lorsque nous naissons de nouveau, nous devenons un membre de la famille de Dieu ! Le Créateur de l'univers désire que vous et moi fassions partie de sa famille ! 1 Jean 3:1 dit : *Voyez de quel amour le Père nous a fait don, que nous soyons appelés enfants de Dieu !*

Pensez-y ! Vous êtes réellement un enfant du Dieu vivant lorsque vous recevez Jésus-Christ par la foi. Vous êtes justifiés ! Peu importe ce que vous avez fait aujourd'hui ou hier, vous êtes justifiés devant Dieu dès que vous croyez que la parole de Dieu est vraie et dites : « Seigneur, je sais que je suis justifié uniquement à cause de la foi que tu m'as donnée – foi en Jésus-Christ. Merci, Dieu, de ce que je suis justifié non par mes œuvres mais par la foi en Jésus-Christ aujourd'hui ! »

Nous avons tous un besoin d'être acceptés. J'ai été incompris, abandonné et rejeté à de nombreuses reprises dans ma vie. Dans ma première année d'école, j'étais un de ces enfants qu'on choisit généralement en dernier quand on tire les équipes pour jouer au baseball avec mes camarades de classe. Cela m'a vraiment fait mal.

Qu'en est-il de vous ? Pouvez-vous vous rappeler un moment dans votre vie où vous vous êtes sentis seuls ? Voici la bonne nouvelle. Nous ne sommes pas seuls ! Nous pouvons être en sécurité dans le fait que Dieu nous aime. Lorsque j'ai réalisé que Jésus-Christ m'acceptait comme j'étais, une nouvelle sécurité est venue dans ma vie. Et maintenant, je peux accepter les autres, parce que je sais que Dieu m'a accepté !

Dieu a de bons plans pour votre vie aujourd'hui. Il veut que vous régniez dans la vie par Jésus-Christ... *Ceux qui reçoivent l'abondance de la grâce et du don de la justice régneront-ils dans la vie par Jésus Christ lui seul* (Romains 5:17b).

Ne permettez pas à l'ennemi de détourner votre regard de Jésus et de sa justice. Refusez de vous laisser contrôler par vos émotions ou vos circonstances. Levez-vous dans la foi et commencez à régner dans la vie par Jésus-Christ et sa justice ! J'ai de bonnes nouvelles pour vous. Vous pouvez commencer aujourd'hui !

REFLEXION

Pouvez-vous appeler Dieu votre « Père » ?
« Régnez-vous dans la vie » par Jésus-Christ ?

Le nouveau style de vie

**Le nouveau style de vie
Canevas du chapitre 1**

Les oeuvres ou la foi

1. **Un principe élémentaire : se repentir des œuvres mortes**
   a. Observons le premier des six principes élémentaires que nous trouvons dans Hébreux 6:1-2 : la repentance des œuvres mortes, la foi en Dieu, les baptêmes, l'imposition des mains, la résurrection des morts et le jugement éternel.
   b. La salut ne vient que par la foi en Jésus-Christ. Nous devons nous repentir des oeuvres mortes (ces « bonnes œuvres » ne vont pas nous faire entrer au ciel !).
   c. Même si nous trébuchons que sur un seul point de la loi de Dieu, nous sommes coupables (Jacques 2:10).

2. **Véritable repentance ou fausse repentance ?**
   a. La tristesse selon Dieu accompagne la vraie repentance. 2 Corinthiens 7:10
   b. La repentance est un « changement d'état d'esprit intérieur entraînant un changement de direction extérieur »
   c. La fausse repentance consiste à « se repentir pour toute autre raison que celle-ci : Dieu est digne de notre obéissance totale. »

3. **Bonnes œuvres ou œuvres mortes ?**
   a. Les œuvres sont de bonnes actions que nous faisons. Une œuvre morte, c'est n'importe quelle bonne action que nous faisons pour tenter de gagner l'approbation divine (Galates 3:1-3, 5).
   b. Nous sommes sauvés par la foi en Christ, nous ne pouvons pas faire confiance à nos bonnes œuvres pour nous emmener au ciel (Ephésiens 2:8-9).
      Ex. Le rituel ne malaisie (n'importe quelles œuvres religieuses par lesquelles nous pensons pouvoir nous attirer la faveur de Dieu).

4. **La futilité de nos œuvres pour nous sauver**
   a. Même les meilleures bonnes œuvres que nous accomplissons pour plaire à Dieu sont comme des vêtements souillés

comparées à sa bonté (Esaïe 64:6).
Ex. Le mendiant et le roi.
b. Nous ne le méritons pas, mais le Seigneur nous reçoit comme justes.

5. **La perspective de Dieu sur nos bonnes oeuvres**
   a. Nous devrions faire de bonnes oeuvres, mais pas pour tenter de mériter la faveur de Dieu. Ephésiens 2:10
   b. Dieu nous équipe pour vivre la vie chrétienne afin que nous désirions agir par reconnaissance pour l'amour merveilleux qu'il nous a démontré.
   c. La vie de Dieu en nous produit de bonnes œuvres et un caractère transformé.

6. **La véritable justice**
   a. Nous ne pouvons pas établir notre propre justice en ayant un zèle pour Dieu mal dirigé (Romains 10:2-3).
      Ex. Le jeune joueur de football fonçant dans la mauvaise direction. La mauvaise monnaie dans un pays étranger.
   b. Nous devons être plus que sincères ; nous devons connaître la vérité que la justice ne vient que par la foi en Jésus-Christ.
   c. Nous ferons de bonnes œuvres, mais seulement parce que nous avons déjà été acceptés par le Seigneur, non pour essayer d'être acceptés par Lui.

7. **Qu'est-ce qui est semblable à un tas d'ordures ?**
   a. Paul était un chrétien influent du premier siècle, mais il considérait tout ce qu'il avait fait comme de la boue (Philippiens 3:7-8) comparé à la connaissance de Christ.
   b. Nous ne pouvons pas nous confier dans notre plan de secours chrétien, dans notre formation ou dans nos diplômes pour nous rendre acceptables par Dieu.
   c. Nous sommes acceptés en faisant confiance à Jésus.
   d. La véritable repentance précède toujours la foi véritable.
   e. Nous devons nous repentir de placer notre foi dans des œuvres mortes et faire un demi-tour en plaçant notre foi en Dieu seul !

Le nouveau style de vie
Canevas du chapitre 2

La foi en Dieu

1. **Un principe élémentaire : la foi en Dieu**
   a. Le second des six principes élémentaires que nous trouvons dans Hébreux 6:1-2 est « la foi en Dieu » : la repentance des œuvres mortes, la foi en Dieu, les baptêmes, l'imposition des mains, la résurrection des morts et le jugement éternel.
   b. La foi en Dieu produit un changement dans nos cœurs ; elle consiste à croire d'abord et à voir ensuite (Hébreux 11:1).
   c. Abraham « crut et espéra » (Romains 4:18) bien avant qu'il n'ait un fils.
   d. La foi est un don (Ephésiens 2:8) et nous avons tous une mesure de foi (Romains 12:3).

2. **Nous recevons Jésus par la foi seule**
   a. La foi est notre première réponse envers Dieu (Hébreux 11:6).
   b. Christ vit maintenant en nous (Galates 2:20) et nous rend capables de vivre une vie surnaturelle.

3. **Examinez-vous vous-mêmes**
   a. Des gens ressemblent peut-être à des chrétiens en surface, mais n'ont pas réellement de vie spirituelle à l'intérieur.
   Ex. Fausse sucette dans un papier.
   b. Assurons-nous d'être authentiques (2 Corinthiens 13:5).
   c. Le Saint-Esprit nous guide dans la vérité (Jean 16:13).

4. **Nous sommes justifiés à travers notre foi en Dieu**
   a. Comment sommes-nous justifiés devant Dieu ? (Romains 3:22).
   b. La justice consiste à être juste devant Dieu par la foi en Christ.
   c. Le Seigneur crédite notre compte avec sa justice ! Romains 4:3
   d. Nous ne pouvons pas faire confiance à nos émotions. Faisons confiance à la parole de Dieu.

5. **Attention à ne pas se soumettre au poids du pécher**
   a. Nous ne pouvons pas obéir à Dieu par nos propres forces. Si nous le tentons, nous aurons une conscience du péché (nous nous concentrerons sur notre tendance à pécher).
   b. Cependant, nous pouvons faire confiance aux compétences de Dieu. Nous devons avoir foi en sa force pour nous aider à faire quoi que ce soit.
   2 Corinthiens 3:4-6
   c. Nous ne pouvons pas « nous faire avancer nous-mêmes à la force du poignet ! »

6. **Plantez vos semences de justice**
   a. Nous devons réaliser que nous sommes justifiés et nous éveiller à cela.
   1 Corinthiens 15:34
   Ex. Opération de sauvetage (c'est dangereux, mais nous devons faire confiance que la corde va tenir, ou alors rester en arrière et mourir)
   b. Soit nous faisons confiance à Dieu et recevons sa justice par la foi, soit nous faisons confiance en nos œuvres mortes et mourrons spirituellement.
   c. Cela prend du temps pour voir le résultat de vivre dans la justice.
   Ex. Certaines espèces de bambou croissent lentement, puis le rythme de croissance s'accélère rapidement.
   d. Encouragez-vous vous-mêmes dans le Seigneur (1 Samuel 30:6).
   e. Vous pouvez faire face à tout grâce à Christ (Philippiens 4:13).

7. **Regardez Jésus**
   a. Satan nous met et tente de nous amener à regarder nos circonstances plutôt que la parole de Dieu.
   b. Refusez les mensonges de Satan et allez de l'avant avec Dieu !
   Ex. Jouet avec une lourde base qui se redresse toujours lorsqu'on le penche.
   c. Dieu a de grands projets pour nous (Jérémie 29:11) et se préoccupe de notre avenir.

Le nouveau style de vie

Le nouveau style de vie
Canevas du chapitre 3

L'union puissante : la foi et la Parole

1. **Comment savons-nous que la Bible est la véritable parole de Dieu ?**
   a. La Bible proclame être la parole inspirée de Dieu.
   2 Timothée 3:16
   b. Les auteurs de l'Ecriture ont été surnaturellement guidés pour écrire ce que Dieu voulait (2 Pierre 1:20-21).
   c. Jésus a enseigné que l'Ecriture est inspirée jusque dans les moindres détails.
   Matthieu 5:18

2. **Unir la foi et la Parole**
   a. Le seul fait d'entendre la parole de Dieu ne va pas nous transformer. Nous devons la combiner avec la foi (Hébreux 4:2).
   Ex. Comme la résine époxy : la combinaison d'ingrédients crée un liant puissant.
   b. Combinez la parole de Dieu et la foi et agissez en fonction d'elle.

3. **Jésus et sa Parole sont un**
   Apocalypse 19:13
   a. Jésus nous parle par sa Parole (Jean 6:63b).
   b. La parole de Dieu renouvelle notre intelligence (Romains 12:2).

4. **Libérez votre foi en confessant la Parole**
   a. Le fait de confesser la parole de Dieu de votre bouche libère la foi.
   Romains 10:9-10
   b. La foi vient du fait d'entendre le message de Christ.
   Romains 10:17
   c. Un nouveau chrétien commence à penser et à agir différemment parce que son intelligence est renouvelée par la parole de Dieu.

5. **Voyez la foi venir**
   Ex. Les cultures orientales voient en images. Ils visualisent la foi réellement en train de venir !
   a. Placez votre foi en Christ et les sentiments et les émotions vont suivre.
   Ex. La locomotive d'un train (la parole de Dieu) vient d'abord. Le wagon suivant est la foi et le dernier wagon représente les émotions ou les sentiments.
   b. La foi est une force vivante libérée dans nos vies en plaçant notre foi dans la parole de Dieu (Hébreux 4:12).

6. **Méditer la parole de Dieu**
   a. Le fait d'exercer la foi en Dieu implique la méditation de la parole de Dieu et de lui obéir.
   b. Méditer : Ruminer quelque chose pendant un certain temps dans notre pensée (Josué 1:8).
   Ex. Les vaches ont plusieurs estomacs.
   c. La différence entre la méditation de la parole de Dieu et la méditation pratiquée par les bouddhistes ou dans des techniques de yoga est la suivante : ils encouragent à faire le vide dans vos pensées ; la parole de Dieu vous encourage à remplir vos pensée de la parole de Dieu.

7. **Semer et récolter spirituellement**
   a. Semez la semence de la parole de Dieu et produisez une moisson spirituelle.
   Marc 4:14, 20
   Ex. Les graines de melon dans un jardin produisent une récolte abondante.
   Semez la semence de vérité dans la vie d'une personne, elle pourrait venir à Jésus.
   b. Priez et attendez-vous à ce que les semences croissent !

Le nouveau style de vie

Le nouveau style de vie
Canevas du chapitre 4

Nous pouvons vivre victorieusement

1. **Il y a une bataille à livrer**
   a. Satan tente de nous aveugler concernant la vérité (2 Corinthiens 4:3-4).
   b. Nous sommes dans un combat spirituel (Ephésiens 6:12)
   c. La prière et la proclamation de la parole de Dieu renversent les barrières.
   d. Revêtez l'armure de Dieu (Ephésiens 6:13, 17) pour livrer la bataille.

2. **Complet dans son esprit, son âme et son corps**
   a. Nos pensées constituent un autre champ de bataille. Nos pensées sont bombardées de pensées, certaines ne venant pas de Dieu.
   b. Nous avons besoin de nous purifier quotidiennement (1 Thessaloniciens 5:23) – corps, âme et esprit.
   c. Le corps : ce que vous voyez quand vous me regardez.
   d. L'esprit : la partie de moi qui communique avec Dieu. Nos esprits naissent de nouveau instantanément lorsque nous recevons Jésus.
   e. L'âme : elle ne change pas immédiatement. Elle commence à être renouvelée alors que nous méditons sur la parole de Dieu (Romains 12:2).
   f. La paix de Dieu va veiller à la porte de nos cœurs et de nos pensées et nous transformer (Philippiens 4:7-8).

3. **Vous êtes une nouvelle création**
   a. A partir du moment où vous avez reçu Christ – vous êtes une nouvelle créature.
   2 Corinthiens 5:17
   b. La foi consiste à croire et à faire complètement confiance à Dieu.
   2 Corinthiens 1:9-10

4. **Libérés !**
   a. Nous sommes libérés de la puissance du péché sur nos vies – libérés de la culpabilité (Jean 8:31-32).
   b. Nous sommes adoptés dans la famille de Dieu (Romains 8:15).

5. **Le diable condamne ; Dieu convainc**
   a. Lorsque nous péchons, le diable va tenter de nous faire croire que Dieu ne voudra plus jamais nous utiliser.
   b. Dieu nous pardonne et nous recommençons avec une ardoise propre, mais parfois la restitution doit suivre la repentance. Zachée s'est repenti et a remboursé quatre fois plus que ce qu'il avait volé (Luc 19:8-9).
   c. La condamnation entraîne le doute, la crainte et l'in crédulité.
   d. La conviction entraîne l'espérance et une porte de sortie. 1 Corinthiens 10:13

6. **Vous pouvez avoir une vie de plénitude**
   a. Christ est venu nous donner une vie abondante (Jean 10:10). Abondante signifie de la nature-même de Dieu.
   b. Christ vit en nous et nous aide à vivre victorieusement. Galates 2:20
   c. Les choses qui peuvent nous aider à grandir spirituellement :
   L'adoration (Jean 4:23-24)
   La prière et la lecture de la Bible, l'adoration avec d'autres chrétiens
   Hébreux 10:24-25
   Partager l'Evangile avec d'autres (Matthieu 28:19-20).

7. **Vous êtes accepté !**
   a. Nous sommes aimés et acceptés dans la famille de Dieu. Ephésiens 1:6 ; 1 Jean 3:1
   b. Vous pouvez régner dans la vie par Jésus-Christ. Romains 5:17

Questions de méditation supplémentaires

Si vous utilisez ce livret comme guide de méditation quotidienne, vous aurez réalisé qu'il y a vingt-huit jours dans cette étude. Selon le mois, vous pourrez avoir besoin des trois études quotidiennes données ci-dessous.

Jour 29
Les effets de la justice
Lisez Esaïe 32:17 et notez les effets de la justice. Cela parle-t-il de cette vie uniquement ou aussi de la vie éternelle à venir ? (voir Esaïe 9:7) Si vous n'avez pas la paix dans votre vie, que devriez-vous faire ?

Jour 30
La source de force
Lisez Jean 15:5 et Philippiens 4:13. Quelle est la relation entre ces deux versets ? D'où tirez vous votre force ? Comment ? Y a-t-il une once de vie possible si le sarment est coupé du cep ? Comment tirez-vous votre force du cep ?

Jour 31
Les bénédictions de la droiture
Lisez Proverbes 10:6 ; 10:16 et 10:24. Ecrivez le résultat de la justice dan ces trois versets. Parcourez maintenant les chapitres 10 à 14 des Proverbes et comptez les bénédictions de la justice. Tout ceci est-il possible sans la justice de Christ dans votre vie ?

Fondements bibliques 3

Les baptêmes du Nouveau Testament

Quatre baptêmes incluant le baptême d'eau et le baptême du Saint-Esprit

CHAPITRE 1

Le baptême d'eau

VERSET CLÉ À MÉMORISER

Nous avons donc été ensevelis avec lui par le baptême en sa mort, afin que, comme Christ est ressuscité des morts par la gloire du Père, de même nous aussi nous marchions en nouveauté de vie.

Romains 6:4

Jour 1
Un principe élémentaire : la doctrine des baptêmes

Le fait de se faire baptiser est l'un des premiers pas qu'un nouveau chrétien devrait faire. Le baptême est une partie essentielle du fondement spirituel de la vie d'un nouveau chrétien. Lorsque nous pensons au baptême, nous pensons normalement au baptême d'eau et à ses diverses expressions – aspersion, immersion... Mais il y a en fait plus de baptêmes mentionnés dans la parole de Dieu que le seul baptême d'eau. Relisons Hébreux 6.

En plus des principes fondamentaux précédents que nous avons appris dans le Fondement Biblique 2 (*repentance des œuvres mortes et foi en Dieu*), Hébreux 6:2 recense un autre principe élémentaire – la doctrine des baptêmes. *C'est pourquoi, laissant les éléments de la parole de Christ, tendons à ce qui est parfait, sans poser de nouveau le fondement du renoncement aux oeuvres mortes, de la foi en Dieu, de la doctrine des baptêmes...*

Comme ce fondement spirituel est pluriel – les baptêmes – cela indique que la foi chrétienne comprend plus qu'un genre de baptême. Alors que nous parcourons le Nouveau Testament, nous découvrons qu'il y a quatre types de baptêmes : le baptême d'eau, le baptême dans le corps de Christ, le baptême de feu et le baptême dans le Saint-Esprit. Dans cet ouvrage, nous allons les survoler tous les quatre, en commençant par le baptême d'eau.

REFLEXION
Citez les quatre types de baptêmes mentionnés dans la Bible. Réfléchissez à combien de ces quatre baptêmes vous avez expérimenté.

Jour 2
Le baptême d'eau est une démonstration d'obéissance

Le baptême d'eau, parfois appelé le *baptême des croyants*, a pour but de s'identifier avec Jésus. Dans le Nouveau Testament, une fois qu'une personne croyait en Jésus pour son salut, elle était alors baptisée dans l'eau. Le baptême est un signe de purification et de pardon des péchés – un acte de foi et d'obéissance. Jésus, lui-même, nous introduit au baptême d'eau lorsqu'il a été baptisé par Jean-Baptiste.

Jean prêchait un baptême de repentance pour le pardon des péchés (Marc 1:4). Lorsque les gens se repentaient de leurs péchés, ils étaient baptisés d'eau par submersions comme évidence extérieure qu'ils s'étaient repentis. Comme il s'agissait d'un signe extérieur, cet acte ne les sauvait pas magiquement. La puissance contenue dans le baptême était dans la puissance de Dieu, non dans l'eau ou dans l'acte du baptême lui-même.

« Alors pourquoi », demanderez-vous peut-être, « Jésus a-t-il été baptisé ? » Jésus était sans péché (1 Pierre 2:21-22), il n'avait pas besoin de montrer l'évidence d'une confession et d'une repentance pour ses péchés. Jean s'est en fait posé la même question lorsque Jésus est venu à lui pour être baptisé. Jésus a donné la réponse à cette question en disant : « Laisse faire maintenant, car il est convenable que nous accomplissions ainsi tout ce qui est juste » (Matthieu 3:15).

Jésus montrait un exemple que les croyants chrétiens pourraient suivre – pas simplement comme une évidence qu'ils avaient confessé leurs péchés et s'étaient repentis, mais pour « accomplir ce qui est juste ». Le baptême chrétien est un acte extérieur d'obéissance par lequel le croyant accomplit la justice intérieure qu'il a déjà reçue par sa foi en la mort et la résurrection de Jésus.

Jésus a dit que partout où l'Evangile est prêché, les individus seront sauvés lorsqu'ils croient. Le baptême suit naturellement. *Celui qui croira et qui sera baptisé sera sauvé...* (Marc 16:16).

Le modèle de succession naturelle foi d'abord, puis baptême se retrouve dans tout le Nouveau Testament. Parfois, des gens demandent : « J'ai été baptisé lorsque j'étais bébé. Trouve-t-on des baptêmes de bébés dans la Bible ? » Le baptême de bébés n'est pas mentionné dans les Ecritures. Les récits de baptêmes dans le Nouveau Testament montrent des adultes précédemment non croyants. Ces croyants ont été baptisés après en fonction de leur foi et de leur croyance en Jésus. Comme les bébés ne peuvent manifester de foi, et que le baptême est un signe extérieur de foi, il semble logique qu'un bébé ne puisse pas être baptisé. Bien que ce ne soit pas nécessairement faux de baptiser un bébé comme une forme de consécration au Seigneur, d'après les Ecritures, ils devraient être baptisés après avoir cru comme signe extérieur de leur foi.

La question-clé à poser est la suivante : Avez-vous été baptisé après avoir cru ? La Bible nous prescrit le baptême d'eau après avoir cru en Jésus. C'est un signe de notre foi.

REFLEXION
Si vous avez été baptisé d'eau, rappelez-vous votre expérience

Jour 3
Le baptême d'eau, une proclamation publique

Comme signe de notre foi en Jésus, le baptême d'eau proclame plusieurs affirmations fortes. Penchons-nous sur ces affirmations dans les quatre prochaines sections. Tout d'abord, la Bible nous dit que le baptême d'eau est une proclamation publique de notre décision de tourner le dos au péché et de vivre pour Jésus-Christ... *Que tous soient baptisés comme proclamation publique de leur décision de tourner le dos au péché* (Marc 1:4, traduction littérale de la Living Bible anglaise).

Le baptême est une proclamation publique que nous avons fermement pris position pour Jésus-Christ. Dans l'église primitive, on ne se posait même pas la question. Il était clair que lorsque quelqu'un donnait sa vie à Jésus-Christ, son premier pas d'obéissance était le baptême d'eau... *Repentez-vous, et que chacun de vous soit baptisé au nom de Jésus Christ, pour le pardon de vos péchés...* (Actes 2:38).

Lorsque je travaillais parmi les jeunes, nous avons parfois vu des dizaines de jeunes donner leur vie à Jésus pendant une semaine particulière. Nous les baptisions souvent le jour-même de leur nouvelle naissance. Certains ont été baptisés dans des piscines, d'autres dans des rivières ou des étangs, d'autres encore dans des baignoires. Ces baptêmes d'eau étaient des moments spirituels très porteurs de sens. Les baptêmes peuvent prendre place dans différents contextes, grands ou petits. Certains baptêmes peuvent être planifiés, la famille et les amis venant entourer le baptisé.

Quelle que soit la méthode ou le contexte, les nouveaux chrétiens font une proclamation publique en participant au signe extérieur et physique de leur salut en se faisant baptiser. Cet acte de foi est une décision qui équipe les chrétiens pour accomplir le grand commandement missionnaire de faire et de baptiser des disciples. *Allez, faites de toutes les nations des disciples, les baptisant au nom du*

Père, du Fils et du Saint Esprit, et enseignez-leur à observer tout ce que je vous ai prescrit. Et voici, je suis avec vous tous les jours, jusqu'à la fin du monde (Matthieu 28:19-20).

REFLEXION
Si vous avez été baptisé d'eau, qu'est-ce que cela signifie pour vous, pour Jésus, pour vos amis ?

Jour 4
Le baptême d'eau montre que nous sommes morts au péché et vivants pour Christ

Une deuxième raison pour laquelle le baptême d'eau est si important est qu'il montre que nous sommes morts au péché et vivants pour Christ, selon Romains 6:4. *Nous avons donc été ensevelis avec lui par le baptême en sa mort, afin que, comme Christ est ressuscité des morts par la gloire du Père, de même nous aussi nous marchions en nouveauté de vie.*

Le baptême d'eau est un signe de notre mort par rapport au péché et de notre résurrection dans une vie nouvelle. Jésus a été enseveli et est ressuscité il y a deux mille ans. Nous sommes ensevelis avec lui par le baptême dans un sens spirituel. Nous devons être morts à nous-mêmes avant de pouvoir avoir une vie nouvelle. Lorsque nous venons à la croix, nous mourons à notre ancienne manière de vivre afin que nous puissions avoir la nouvelle vie de résurrection que Dieu nous a promise.

Lorsque vous allez à un enterrement et que vous voyez un homme mort, vous savez qu'il ne peut pas répondre à quoi que ce soit. Il ne peut pas être blessé physiquement ou émotionnellement. Il ne peut ressentir de douleur. Il est mort ! Lorsque nous sommes ensevelis en Christ, notre vielle nature ne peut plus faire ce qu'elle veut ; elle est morte. Ainsi, alors, spirituellement parlant, notre ancienne vie est morte.

Prenons un exemple : Joe est un ancien gangster de la Mafia, et il a donné sa vie à Jésus. Sa vie a été transformée définitivement. Quelques semaines après avoir donné sa vie au Seigneur, un de ses collègues de la Mafia l'a appelé au téléphone et lui a dit : « Hé, est-ce que Joe est là ? »

Les baptêmes du Nouveau Testament

Joe a répondu : « Non, Joe est mort », et il a raccroché. La vérité est que Joe *est réellement* mort. Il est un Joe tout nouveau, vivant une vie toute nouvelle. Le vieux Joe est mort, un nouveau Joe est venu, Jésus-Christ vivant maintenant en lui. Le baptême d'eau est un signe que nous sommes morts à nous-mêmes et, par la puissance de la gloire de Dieu, que nous marchons maintenant dans une vie nouvelle.

Parfois, les gens demandent : « Comment une personne doit-elle être baptisée ? » Le mot grec pour *baptiser* est *baptizo*, qui signifie immerger. Nous encourageons les gens à être immergés dans l'eau. Le fait d'entrer dans le tombeau liquide du baptême symbolise la mort à nous-mêmes, le fait d'être enseveli, puis de ressusciter alors que nous ressortons de l'eau.

Vous avez été crucifié avec Christ. Votre vieil « homme » (nature mauvaise) est mort. Au travers du baptême d'eau, vous devenez morts au péché et vivants pour Christ.

REFLEXION
Quelle est l'explication spirituelle d'être plongé sous l'eau et de ressortir de l'eau ? Pouvez-vous réellement dire que votre « vieux moi » est mort ?

Jour 5
Le baptême d'eau illustre une circoncision du Nouveau Testament

Cela nous amène à une troisième affirmation proclamée par le baptême d'eau. Le baptême d'eau est un type de circoncision néotestamentaire. Dans la circoncision de l'Ancien Testament, lorsqu'un garçon était âgé de huit jours, son prépuce était coupé en signe de l'alliance de Dieu avec son peuple. C'était un signe de foi comme c'est le cas dans le Nouveau Testament. Colossiens 2:11-12 explique que le fait de se soumettre au tombeau liquide du baptême, comme pour la circoncision, montre que votre ancienne nature a été coupée surnaturellement. *Et c'est en lui que vous avez été circoncis d'une circoncision que la main n'a pas faite, mais de la circoncision de Christ, qui consiste dans le dépouillement du corps de la chair : ayant été ensevelis avec lui par le baptême, vous êtes aussi ressuscités en lui et avec lui, par la foi en la puissance de Dieu, qui l'a ressuscité des morts.* La puissance de la nature pécheresse qui est en vous et moi – cette ancienne nature qui dit : « Je veux faire ce que je veux » - est symboliquement coupée lorsque nous sommes baptisés d'eau. C'est une circoncision néotestamentaire.

J'ai lu une fois l'histoire d'un homme qui avait un propriétaire très méchant qui lui causait constamment des problèmes. Un jour, le propriétaire a vendu son terrain à un nouveau propriétaire, un homme merveilleux. Quelques temps plus tard, le premier propriétaire est revenu, demandant que le locataire le paie. Celui-ci répondit : « Que voulez-vous dire par là ? Vous n'êtes plus propriétaire de ce terrain. Allez vous adresser à mon nouveau propriétaire. » Lorsque votre ancien propriétaire, le diable, vient et tente de vous dire que vous êtes toujours liés aux anciennes habitudes du passé – mentir, critiquer, convoiter, haïr, ou quoi que ce soit – vous pouvez dire au diable que vous avez un nouveau propriétaire. Son nom est Jésus. Dites au diable : « Va en parler avec Jésus ! »

La circoncision néotestamentaire
Romains 2:29

Lorsque nous sommes baptisés d'eau, nous proclamons que l'esclavage du passé est brisé. C'est une œuvre surnaturelle de Dieu. Moïse et les enfants d'Israël étaient esclaves des Egyptiens, mais lorsqu'ils ont traversé la Mer Rouge, le peuple de Dieu a été baptisé et libéré en sortant de l'eau. *Frères, je ne veux pas que vous ignoriez que nos pères ont tous été sous la nuée, qu'ils ont tous passé au travers de la mer, qu'ils ont tous été baptisés en Moïse dans la nuée et dans la mer* (1 Corinthiens 10:1 2).

Ayant fait confiance à Dieu, par la foi en Jésus-Christ, pour être libérés de notre esclavage du passé, nous sommes alors baptisés. Nous n'avons pas toujours l'impression d'avoir été libérés de notre esclavage. C'est pourquoi il est important que nous le sachions par la foi. Nous vivons par la vérité de sa Parole, pas par nos émotions. Je me souviens d'avoir pris l'avion une fois pour me rendre dans ma ville de Lancaster, en Pennsylvanie, et j'étais certain que nous volions dans la mauvaise direction. Cependant, nous sommes arrivés dans le bon aéroport. Les pilotes se dirigeaient à l'aide des instruments de navigation - et ils avaient raison. Nous devrions vivre nos vies, non en fonction de nos caprices émotionnels, mais selon l'instrument de navigation de Dieu, la Bible, qui nous communique la volonté de Dieu.

Romains 6:14 nous dit : *Car le péché ne dominera pas sur vous...* plutôt que de voir ce verset comme une loi, voyons-le comme une promesse. Dieu dit que le péché n'aura plus de pouvoir sur moi parce que je suis enseveli avec Christ dans le baptême. Le vieux moi est mort. Je suis une personne toute nouvelle !

Notre vieille nature mauvaise est rendue impuissante et, au travers du baptême d'eau, nous expérimentons la circoncision néotestamentaire. Romains 6:6 déclare : *Sachant ceci, que notre vieil homme a été crucifié avec lui, afin que le corps du péché soit annulé, pour que nous ne servions plus le péché.*

Le vieux a été coupé ! Nous vivons une vie nouvelle avec Jésus-Christ en nous.

REFLEXION
Alors que nous passons par le baptême d'eau, nous symbolisons notre libération de notre esclavage pasé dans les domaines suivants : _____. Pourquoi est-il important de ne pas dépendre de nos émotions ?

Jour 6
Le baptême d'eau témoigne que nous obéissons à Dieu

Une quatrième affirmation du baptême d'eau est qu'il témoigne que nous obéissons à Dieu. La parole de Dieu nous demande d'être baptisé dans l'eau. Nous sommes encouragés à « croire et à être baptisés » (Marc 16:16). Le baptême d'eau symbolise une purification spirituelle, selon 1 Pierre 3:21. *Cette eau était une figure du baptême, qui n'est pas la purification des souillures du corps, mais l'engagement d'une bonne conscience envers Dieu, et qui maintenant vous sauve, vous aussi, par la résurrection de Jésus Christ.*

C'est la purification du cœur, pas la cérémonie extérieure qui sauve. Le fait de se laver dans l'eau ne produit guère plus que le fait d'ôter la saleté. Mais le fait d'être baptisé montre que nous vivons avec une bonne conscience. Nous avons une confiance inébranlable en Jésus-Christ. Nous obéissons au Seigneur dans tout ce qu'il nous a demandé de faire, et cela entraîne une liberté incroyable dans nos vies.

Des gens demandent parfois : « Que penser d'une conversion sur son lit de mort ? Si quelqu'un donne son cœur à Jésus et meurt deux minutes plus tard, sans avoir eu le temps de se faire baptiser, où va-t-il passer l'éternité ? » Souvenez-vous, le baptême ne nous sauve pas. Le sang de Jésus nous sauve. Le baptême est simplement un acte d'obéissance. Après sa profession de foi, le voleur sur la croix n'a pas pu être baptisé d'eau, mais Jésus a dit qu'il serait avec lui au paradis (Luc 23:40-43).

D'après les exemples donnés dans les Ecritures, et si nous en avons l'opportunité, nous devrions nous faire baptiser dès que possible après notre conversion. Lorsque Paul était en prison, le geôlier de Philippes a donné son cœur à Jésus. Toute la famille du geôlier s'est faite baptiser dans l'eau cette nuit-là (Actes 16:33). Alors que Philippe marchait un jour le long d'une route, il rencontra un ambassadeur d'Ethiopie assis dans son char et lisant les Ecritures. Philippe lui expliqua la bonne nouvelle de Jésus, et il fut baptisé dès qu'ils rencontrèrent un point d'eau (Actes 8:38). Crispus et sa famille, et beaucoup d'autre Corinthiens (Actes 18:8) crurent et furent immédiatement baptisés.

Chaque croyant, même un jeune enfant ayant la foi pour être baptisé devrait être encouragé à être baptisé… Qu'il vous soit fait selon votre foi (Matthieu 9:29). Il faut souligner, cependant, qu'un enfant ne devrait jamais être poussé à se faire baptiser ; il doit le désirer et être prêt pour cela.

REFLEXION
Qu'est-ce qui entraîne une bonne conscience envers Dieu ?

Jour 7
Soyez baptisé d'eau !

Si vous n'avez jamais été baptisé dans l'eau, qu'attendez-vous ? Faites-le aujourd'hui même ! Nous avons mentionné au jour 6 qu'alors que Jésus était sur la croix entre deux brigands, l'un d'entre eux fut sauvé, mais qu'il n'y avait pas la possibilité pour lui de descendre de la croix et de se faire baptiser.

Cependant, vous et moi avons cette possibilité. Bien que le baptême ne nous sauve pas, soyons obéissants à la parole de Dieu et saisissons cette occasion de montrer que nous sommes morts au

Les baptêmes du Nouveau Testament

péché et vivants pour Christ. Si vous avez quelque doute concernant votre baptême d'eau, je vous encourage à être rebaptisé. Les doutes peuvent assombrir votre foi et jeter une ombre de condamnation sur votre vie. Romains 14:23 dit que... *tout ce qui n'est pas le produit d'une conviction (ou sur le principe de la foi - Darby) est péché.*

Il est important que vous viviez et marchiez par la foi. Si vous n'êtes pas sûrs, soyez baptisé d'eau afin que vous soyez assurés que l'ennemi ne puisse pas semer le doute dans vos pensées. Le baptême d'eau est un acte physique qui vous rappelle votre foi et votre liberté en Jésus. Vous pouvez vous y référer si le diable tente de vous mentir et de semer le doute dans votre cœur. Vous pouvez dire avec assurance : « J'ai été baptisé d'eau et je sais que je suis libre. Le vieil homme, la nature pécheresse qui était la mienne auparavant, est coupé et n'a plus de pouvoir. Jésus-Christ vit avec force dans ma vie. » Parlez avec un pasteur ou un responsable de petit groupe pour organiser votre baptême d'eau.

Je crois que n'importe quel croyant peut baptiser un autre croyant dans l'eau. Vous n'avez pas nécessairement besoin d'être pasteur ou ancien pour baptiser quelqu'un. L'apôtre Paul a souvent laissé faire le baptême d'eau par d'autres croyants dans l'église. Il l'a simplement fait parce que c'est une des façons dont ils pouvaient l'aider. Paul savait que son appel principal était de prêcher l'Evangile et de former les autres. *Je rends grâces à Dieu de ce que je n'ai baptisé aucun de vous, sinon Crispus et Gaïus... car Christ ne m'a pas envoyé baptiser, mais évangéliser* (1 Corinthiens 1:14, 17).

Pour résumer, le baptême d'eau est un signe d'une purification intérieure du cœur. C'est une proclamation publique comme quoi je me suis détourné du péché pour servir Jésus-Christ en tant que Seigneur. Il montre que je suis mort au péché et vivant pour Christ. C'est un type de circoncision néotestamentaire où le pouvoir de ma vieille nature a été coupé. Et, plus que tout, le baptême d'eau est important parce que le Seigneur, dans sa Parole, m'ordonne d'être baptisé, et je désire lui obéir.

REFLEXION
Si vous avez des doutes au sujet de votre conversion et de votre baptême, que pouvez-vous faire à ce sujet ?

CHAPITRE 2

D'autres baptêmes

> **VERSET CLÉ À MÉMORISER**
>
> Il vient, celui qui est plus puissant que moi…
> Il vous baptisera du Saint-Esprit et de feu.
>
> Luc 3:16

Jour 1

Le baptême dans le corps de Christ

Le baptême dans le corps de Christ est un autre genre de baptême mentionné dans le Nouveau testament. Nous avons appris auparavant que le mot baptiser signifie littéralement placer dans. Lorsque nous sommes baptisés dans l'eau, quelqu'un nous immerge, nous *place dans* l'eau. Lorsque nous sommes baptisés dans le corps de Christ, le Saint-Esprit nous place surnaturellement dans le « corps » ou dans la « famille de Dieu ». *Car aussi nous avons tous été baptisés d'un seul Esprit pour être un seul corps, soit Juifs, soit Grecs, soit esclaves, soit hommes libres; et nous avons tous été abreuvés pour l'unité d'un seul Esprit* (1 Corinthiens 12:13).

Nous sommes unis par un Esprit en tant que membres du corps de Christ. Dieu nous donne d'autres personnes dans le corps de Christ pour nous soutenir et nous encourager. Alors que nous apprenons les uns des autres, et que nous découvrons Jésus de plus en plus, nous sommes perfectionnés par son Esprit. Jésus est la tête du corps, et chaque croyant constitue une partie de son corps spirituel sur terre. Nous sommes ici sur terre pour devenir les mains de Jésus, ses pieds, sa langue et d'autres parties de son corps avec différentes fonctions, capacités et appels.

Lorsqu'un jeune homme est fraîchement marié, il quitte sa famille et se trouve placé dans une nouvelle famille. En tant que nouveau mari, lui et son épouse forme une nouvelle union. De même, un nouveau croyant est surnaturellement placé dans la nouvelle famille de Dieu pour commencer sa nouvelle vie. Le fait d'être baptisé dans le corps de Christ est une œuvre surnaturelle de Dieu. Nous sommes placés, spirituellement, dans le corps de Christ au moment où nous recevons Jésus-Christ en tant que Seigneur. Comme nous appartenons à Christ, nous sommes membres les uns des autres, nous appartenons les uns aux autres.

REFLEXION
Qui vous baptise dans le corps de Christ ?

Jour 2

La merveilleuse famille de Dieu

Lorsque vous êtes né de nouveau dans la famille de Dieu, vous devenez un frère ou une sœur en Christ pour chaque autre croyant dans le monde. Faire partie de la famille du Seigneur est une merveilleuse bénédiction. Vous pouvez rencontrer un frère ou une sœur chrétien d'une autre nation pour la première fois et il semble que vous le connaissez depuis toujours. Vous faites partie de la même famille !

Il y a des années, j'ai visité la plus grande église du monde à Séoul, en Corée. Ce fut une magnifique expérience de rencontrer des dizaines de croyants coréens et, bien que nous ne parlions pas la même langue, nous étions capables de sentir que nous faisions partie de la même famille spirituelle.

Lorsque l'apôtre Jean vit le trône des cieux dans Apocalypse 5:9, il vit des « êtres vivants et des anciens » (représentant les disciples de Christ ou l'église dans toutes les nations et parmi tous les genres de personnes), donnant honneur à Jésus. *Et ils chantent un cantique nouveau, disant: Tu es digne de prendre le livre, et d'en ouvrir les sceaux ; car tu as été immolé, et tu as acheté pour Dieu par ton sang, de toute tribu, et langue, et peuple, et nation.*

La merveilleuse famille de Dieu est composée de personnes de chaque nationalité, race et culture. Nous sommes tous frères et sœurs par la foi en notre Seigneur Jésus-Christ !

La famille du Seigneur est géniale. Chacun de nous est né de nouveau par l'Esprit de Dieu. Nous sommes fils et filles du Roi de l'univers, selon 2 Corinthiens 6:18 : « Et je vous serai pour père, et vous, vous me serez pour fils et pour filles », dit le Seigneur, le Tout-puissant.

REFLEXION

Repensez à une situation où vous avez expérimenté une complicité avec un croyant d'une autre culture. Qu'aviez-vous en commun ?

Jour 3
Le baptême de feu

Un autre genre de baptême mentionné dans le Nouveau Testament est le *baptême de feu*. Jean-Baptiste le mentionne dans Luc 3:16 : *Moi, je vous baptise d'eau ; mais il vient, celui qui est plus puissant que moi, et je ne suis pas digne de délier la sangle de ses souliers. Lui, il vous baptisera du Saint Esprit et de feu.*

Nous avons appris auparavant que le baptême d'eau symbolise la repentance. Nous voyons ici que la venue du Saint-Esprit est la preuve de la présence de Dieu. Le feu est un symbole biblique de purification et de puissance. Jean-Baptiste a dit que Jésus nous baptiserait du Saint-Esprit et de feu.

Baptême de feu
Esaïe 48:10
Philippiens 1:29
2 Corinthiens 5:7

Parlons d'abord du baptême de feu, en particulier de la façon dont il peut nous purifier. Les épreuves et les temps difficiles par lesquels nous passons sont un type de baptême de feu. Après que Jean ait dit que Jésus nous baptiserait du Saint-Esprit et de feu, il s'explique plus clairement au verset suivant. *Il a sa pelle à vanner à la main ; il nettoiera son aire, et il amassera le blé dans son grenier, mais il brûlera la paille dans un feu qui ne s'éteint point.*

Une pelle à vanner était utilisée pour jeter le grain en l'air afin que la balle soit emportée, tandis que les grains nettoyés retombaient sur le sol de l'aire. Le Seigneur nous dit qu'il *nettoiera son aire, qu'il amassera le blé dans son grenier, et qu'il brûlera la paille.* En d'autres termes, notre Dieu est engagé à purifier nos vies de toutes les choses mauvaises (la paille, la balle) qui peuvent encore s'y accrocher. Cela peut être des habitudes de notre passé ou d'anciennes façons de penser qui sont contraires à la parole de Dieu.

Le processus de purification n'est pas toujours facile ! Parfois, des nouveaux chrétiens sont choqués lorsqu'ils sont confrontés à des épreuves dans leurs vies. Ils étaient partis du principe que la vie chrétienne serait une vie facile.

J'ai grandi dans une ferme, donc je comprends clairement l'importance de voir le grain séparé de sa paille pour avoir un produit propre. Lorsque la moisson rentrait chaque année, nous vidions les charettes dans un grand tamis vibrant qui secouait littéralement les grains, libérant la paille alors qu'elle se séparait du grain. Dieu recherche du bon fruit (blé) dans nos vies. Parfois, il permet que nous passions par des circonstances qui nous secouent un peu afin que la « paille » dans nos vies soit ôtée.

Dans la ferme familiale, j'ai aussi appris une leçon similaire en faisant de la soudure. Je me souviens d'avoir pris un chalumeau et de chauffer le métal jusqu'à ce qu'il soit rouge. Lorsqu'il était bouillant, les impuretés remontaient à la surface. Nous appelions cela les scories. Lorsque les scories apparaissaient, nous les grattions, sinon elles risquaient d'empêcher les deux pièces de métal d'être correctement soudées ensemble. A nouveau, c'est une image de la séparation entre le bon et le mauvais afin d'être de plus en plus pur.

Il y a des temps où nous avons besoin de voir nos scories monter à la surface au travers d'un baptême de feu. Lorsque nous passons par ces épreuves brûlantes et ces temps difficiles, les impuretés vont « remonter à la surface » de nos vies. Ces mauvaises attitudes, ces choses qui nous irritent, l'esprit critique, le manque d'amour, de joie, de patience – tout « remonte à la surface ». Lorsque les « scories spirituelles » sont révélées dans nos vies, nous pouvons recevoir de Jésus la capacité de nous repentir et de nous débarrasser de ces impuretés.

REFLEXION
Quelle est la «paille» de votre vie que Dieu est en train d'ôter ?

Jour 4
Boire la coupe

Jacques et jean, deux des disciples, avaient de la balle ou des scories dans leur vie, ayant besoin d'être éradiquées pour qu'ils puissent devenir plus forts. Ils aimaient sincèrement Jésus, désiraient être proches de lui, mais ils semblaient se concentrer principalement sur les bénéfices que Jésus pouvait leur donner, comme on peut le voir lorsqu'ils ont envoyé leur mère demander une faveur à Jésus. Lorsque leur mère demanda si ses fils pouvaient être assis à la droite et à la gauche de Jésus dans son Royaume, Jésus a posé la difficile question suivante : « *Pouvez-vous boire la coupe que je dois boire et être baptisé du baptême dont je suis baptisé ?* » « *Nous le pouvons* », dirent-ils. Et il leur répondit : « *Il est vrai que vous boirez ma coupe et que vous serez baptisé du baptême dont je suis baptisé...* » (Traduction de la version anglaise).

Etaient-ils prêts à être baptisés du baptême dont Jésus allait être baptisé – aller à la croix ? Etaient-ils prêts à souffrir pour construire le Royaume ? Etaient-ils prêts à confronter les impuretés dans leurs vies et à permettre à Jésus de les changer ? Ils pensaient être prêts, donc ils ont répondu : « Nous le pouvons. » Cependant, quelques jours plus tard, ils abandonneront leur maître quand il sera arrêté.

Les bénéfices liés au fait de suivre Jésus sont devenus tout à coup moins attractifs pour eux lorsqu'il s'agissait de souffrir pour lui !

Bien sûr, les disciples reviendront à Jésus par la suite après l'avoir trahi et abandonné. Ils ont pu témoigner de son amour et de son pardon dans leurs vies. Jésus connaît et comprend nos faiblesses. Lorsque les impuretés sortent de nos vies, il nous touche par son pardon et son amour. Sa puissance nous fortifie afin que nous puissions être victorieux la prochaine fois que nous serons confrontés aux difficultés de la vie.

REFLEXION
Pouvez-vous voir comment Dieu vous façonne par le baptême de feu pour que vous deveniez la personne dont il a besoin pour la tâche qu'il désire que vous accomplissiez ?

Jour 5
Considérer la joie

Vous dites peut-être : « Eh ben mon vieux, je passe par des temps difficiles ! Pourquoi moi ? » Ce n'est jamais facile quand Dieu nous permet de passer par le feu. Cela peut nous amener à tenter de baisser les bras lorsque nous ne comprenons pas ce que Dieu fait. Ce que Dieu désire réellement est que nous continuions à lui faire confiance. C'est pourquoi Jacques 1:2-5 nous dit : *Mes frères, regardez comme un sujet de joie complète les diverses épreuves auxquelles vous pouvez être exposés, sachant que l'épreuve de votre foi produit la patience. Mais il faut que la patience accomplisse parfaitement son oeuvre, afin que vous soyez parfaits et accomplis, sans faillir en rien. Si quelqu'un d'entre vous manque de sagesse, qu'il l'a demande à Dieu, qui donne à tous simplement et sans reproche, et elle lui sera donnée.*

Lorsque nous comprenons que les épreuves de la vie peuvent être utilisées par le Seigneur pour façonner son caractère dans nos vies, cela va vraiment changer notre perspective. Nous pouvons nous réjouir, parce que le Seigneur les utilise pour notre bien ! Et il promet de nous donner la sagesse au coeur des épreuves si nous la lui demandons ! Il est digne de confiance, quelle que soit la souffrance.

J'ai suivi un cours dans mes études supérieures dans lequel j'ai appris à fabriquer certains outils en métal. Afin que les outils soient durcis, on nous a enseigné à prendre une pièce de métal chauffée à blanc et à la plonger dans l'eau froide, puis à la ressortir, de manière à la durcir. Ce processus donnait à l'outil la force nécessaire pour qu'il soit utile.

Notre Seigneur nous permet de passer par le baptême de feu de manière à nous rendre utiles pour son service. Une attitude d'orgueil ne tiendra pas sous la pression. Lorsque nous passons par des épreuves difficiles dans nos vies, nous apprenons à faire confiance au Seigneur et à sa Parole. Son caractère est bâti dans nos vies. Sans son caractère bâti dans nos vies, nous allons nous casser sous la pression lorsque le Seigneur commencera vraiment à nous utiliser.

REFLEXION
En quoi êtes-vous différent après avoir passé par des épreuves et des tribulations ?

Jour 6
Persévérer dans nos épreuves

Oui, le Seigneur va nous utiliser, même lorsque nous passons par des temps difficiles ! Par exemple, avez-vous déjà eu un frère ou une sœur abrasive dans votre vie – quelqu'un qui vous ponce dans le mauvais sens ? Peut-être le Seigneur a-t-il permis que cette personne impacte votre vie pour une bonne raison. Peut-être désirait-il que vous puissiez répondre selon Christ. Pour cela, vous avez du crier à Dieu pour recevoir sa force pour aimer cette personne inconditionnellement. Ce ne fut pas facile, et la vie n'a pas été aussi drôle pour un temps, mais vous êtes sorti de ce baptême de feu avec un amour renouvelé et une conscience de la grâce et de la miséricorde de Dieu. Aujourd'hui, vous avez une super relation avec celle qui était auparavant une sœur abrasive ! Le fait de lui avoir fait confiance et d'avoir persévéré vous a réellement rendu fort et a lavé certaines mauvaises attitudes dans votre propre vie.

Persévérer dans nos épreuves
Jacques 1:2-4
1 Corinthiens 10:13
Romains 8:18, 28

Vous êtes-vous déjà coincé le doigt dans la porte, entraînant un caillot de sang à se former sous votre ongle ? Vous avez certainement du vous rendre chez le médecin, qui a utilisé une aiguille stérilisée pour percer un petit trou dans l'ongle, libérant la pression du sang. Le Seigneur désirer que nous libérions les pressions spirituelles dans la vie des autres. Mais il ne peut nous utiliser efficacement que lorsque nos attitudes sont pures et que nous lui faisons confiance.

Lorsque nous persévérons dans nos épreuves, nous sommes purifiés par la parole de Dieu, afin que nous puissions être l'épouse pure de Christ. La Bible appelle l'église « l'épouse de Christ ». Avez-vous déjà vu une épouse sale le jour de ses noces ? Moi pas. Le Seigneur nous nettoie. Ephésiens 5:25-27 dit : *Maris, aimez vos femmes, comme Christ a aimé l'Église, et s'est livré lui-même pour elle, afin de la sanctifier par la parole, après l'avoir purifiée par le baptême d'eau, afin de faire paraître devant lui cette Église glorieuse, sans tache, ni ride, ni rien de semblable, mais sainte et irrépréhensible.*

Le Seigneur utilise sa Parole pour nous laver. Cependant, si nous ne regardons jamais dans le miroir, nous avons tendance à oublier combien nous pouvons être sales. La parole de Dieu est notre miroir et notre savon. Lorsque j'étais petit garçon, je détestais prendre des bains. Mais mes parents se sont assurés que je prenne un bain régulier, que j'aime cela ou non ! Et maintenant, je suis heureux qu'ils l'aient fait. Vous aussi, regarderez en arrière dans quelques années et apprécierez réellement votre « bain spirituel ».

N'ayez pas peur du baptême de feu. Jésus vous donnera la force de persévérer. Les épreuves peuvent vous rendre fort si vous y répondez de la bonne façon.

REFLEXION

Avez-vous constaté une croissance spirituelle dans votre vie après avoir passé par une épreuve ? Comment la parole de Dieu vous a-t-elle aidé ?

Jour 7

En feu pour Jésus

Nous avons dit auparavant que le feu est un symbole de purification et de puissance, et nous avons examiné comment nous pouvons être purifiés par des épreuves « brûlantes ». Un autre aspect du baptême de feu est le côté puissance. Nous devrions vivre d'une telle manière que nos vies soient « en feu pour Jésus-Christ ». Nous devons être ardents et enthousiastes dans notre amour pour Dieu, selon Apocalypse 3:19, et ...*nous détourner de notre indifférence et devenir enthousiastes pour les choses de Dieu* (traduction de la Living Bible anglaise).

Si nous ne sommes pas enthousiastes pour les choses de Dieu, il nous est ordonné de nous détourner de notre indifférence ou de notre apathie. Nous avons été créés pour faire l'expérience de son « feu » qui brûle en nous, pour être baptisés de feu. Les premiers disciples « brûlaient « de zèle pour Dieu. Demandez au Seigneur de vous baptiser de son feu et de son zèle. Dieu recherche des hommes et des femmes zélées. Nombres 25:11-13 parle d'un tel homme zélé. *Phinées, fils d'Éléazar, fils du sacrificateur Aaron, a détourné ma fureur de dessus les enfants d'Israël, parce qu'il a été animé de mon zèle au milieu d'eux; et je n'ai point, dans ma colère, consumé les enfants d'Israël. C'est pourquoi tu diras que je traite avec lui une alliance de paix. Ce sera pour lui et pour sa postérité après lui l'alliance d'un sacerdoce perpétuel, parce qu'il a été zélé pour son Dieu, et qu'il a fait l'expiation pour les enfants d'Israël.* Le Seigneur a honoré Phinées parce qu'il a été zélé pour son Dieu. Êtes-vous zélés pour votre Dieu aujourd'hui ? Faite-vous l'expérience de ce type de *baptême de feu* ?

Ceux qui sont baptisés de feu sont des hommes et des femmes de prière qui ont une sainte haine pour le péché et un saint amour pour le Seigneur, avec une compassion pour les perdus et pour l'église de Jésus-Christ. Le Psalmiste révèle son zèle juste pour la maison et le royaume de Dieu dans le Psaume 69:9 ...*Le zèle de ta maison me dévore*... Lorsque nous sommes réellement enflammés pour Dieu, tous les désirs de notre corps et de notre âme sont enveloppés dans ses désirs. Nous sommes absorbés dans qui Dieu veut que nous soyons et dans ce qu'il désire que nous fassions. Nous aurons un saint zèle pour voir sa maison (son église) devenir tout ce que Dieu veut qu'elle soit dans notre génération. « Seigneur, baptise-nous de ton feu ! »

REFLEXION

Êtes-vous enthousiastes au sujet de ce que Dieu fait dans votre vie ? Êtes-vous plein de zèle pour Jésus ?

Les baptêmes du Nouveau Testament

CHAPITRE 3

Le baptême du Saint-Esprit 1

VERSET CLÉ À MÉMORISER

Mais vous recevrez une puissance,
le Saint-Esprit survenant sur vous…

Actes 1:8

Jour 1
La promesse du Saint-Esprit

Jusque là, dans ce livre, nous avons couvert trois baptêmes : le baptême d'eau, le baptême dans le corps de Christ et le baptême de feu. Dans ce chapitre et dans le suivant, nous allons nous pencher sur le baptême du Saint-Esprit. Il est important de réaliser comment le Saint-Esprit désire nous utiliser et couler de nos vies. Le sujet du baptême du Saint-Esprit est parfois controversé dans l'église chrétienne actuelle. Observons donc attentivement cette expérience pour nous aider à mieux la comprendre.

Le Saint-Esprit a les caractéristiques de Dieu
Il pense : Romains 8:27 ;
1 Corinthiens 2:10-11
Il ressent : Romains 15 :30 ;
Ephésiens 4 :30
Il a une volonté :
1 Corinthiens 12 :11
Il a la capacité de jouir de la communion avec nous

Relisons Luc 3:16. Jean leur répondit : *Moi, je vous baptise d'eau; mais il vient, celui qui est plus puissant que moi, et je ne suis pas digne de délier la courroie de ses souliers. Lui, il vous baptisera du Saint Esprit et de feu.* Lorsque nous avons mentionné ce verset auparavant, nous en avons couvert la partie qui parle du baptême de feu. Nous voulons maintenant nous tourner vers ce que Jean-Baptiste a voulu dire en parlant de Jésus qui nous baptiserait du Saint-Esprit.

Tous les croyants authentiques ont le Saint-esprit qui demeure en eux. 1 Corinthiens 3:16 dit : *Ne savez-vous pas que vous êtes le temple de Dieu, et que l'Esprit de Dieu habite en vous ?* Le Saint-esprit vit dans chaque enfant de Dieu. Le Saint-Esprit est une personne, pas une doctrine, une simple influence ou un pouvoir. C'est très important de le comprendre. Le Saint-Esprit est Dieu et a les caractéristiques personnelles de Dieu. Dieu est Père, Fils et Saint-Esprit – on y fait souvent référence en parlant de la Trinité (voir le livret numéro 7 des Fondements Bibliques, chapitre 1, jour 2, pour plus de détails à ce sujet). Le Saint-Esprit est la troisième personne de la Trinité.

La personne divine du Saint-Esprit vient demeurer en vous lorsque vous donnez votre vie à Jésus et que vous le recevez dans votre vie. Il se soucie de vous et a le pouvoir de vous aider. Cependant, cela ne signifie pas que vous ayez été baptisé du Saint-Esprit.

Les baptêmes du Nouveau Testament

REFLEXION
Qui est le Saint-Esprit ?

Jour 2
Le Saint-Esprit habite dans la vie de chaque croyant

Au moment de notre salut, le Saint-Esprit vient vivre en nous. Il nous conduit et nous motive à vivre une vie sainte et nous délivre des liens de l'esclavage du péché. Romains 8:9 nous dit : *Pour vous, vous ne vivez pas selon la chair, mais selon l'esprit, si du moins l'Esprit de Dieu habite en vous. Si quelqu'un n'a pas l'Esprit de Christ, il ne lui appartient pas.*

Lors de la dernière soirée de Jésus avec ses disciples avant son procès et sa crucifixion, il leur a promis qu'ils recevraient le Saint-Esprit (Jean 14:17). Par la suite, après sa résurrection, Jésus a visité les disciples et a soufflé sur eux en disant... *Recevez le Saint-Esprit* (Jean 20:22).

A ce moment, les disciples sont nés de nouveau par le Saint-Esprit. Bien qu'ils confessaient déjà Jésus en tant que Seigneur et qu'ils soient sauvés selon la provision de l'ancienne alliance, ils ne pouvaient pas naître de nouveau avant que Jésus ne soit ressuscité des morts. Jésus devait venir et leur donner sa puissance de résurrection selon la nouvelle alliance. Maintenant, ils croyaient également que Jésus était ressuscité des morts, et leur salut était complet.

Lorsque Dieu prit un tas de boue dans le jardin d'Eden et souffla dessus, Adam fut formé et reçut la vie physique. Dieu souffle sur ses disciples et leur donne la vie spirituelle. Lorsque vous avez été convaincu de péché avant d'avoir reçu Christ, le Saint-Esprit était à l'extérieur de vous, amenant la conviction. Lorsque vous avez reçu Jésus, le Saint-Esprit est alors venu *à l'intérieur* pour vivre en vous. Mais il y a plus ! Le Nouveau Testament dépeint *deux* aspects distincts, bien que complémentaires de la réception du Saint-Esprit – l'expérience des disciples recevant le Saint-Esprit le dimanche de la résurrection, que nous venons de décrire, et l'expérience qu'ils vont vivre par la suite le dimanche de la Pentecôte. Comparons ces deux expériences dans la section suivante.

REFLEXION

Comment pouvez-vous être sûrs que le Saint-Esprit vit en vous ?
Quand les chrétiens reçoivent-ils le Saint-Esprit ?

Jour 3 **Vous recevrez une puissance !**

Après la rencontre des disciples avec le Saint-Esprit après que Jésus ait soufflé sur eux et leur ait dit : « Recevez le Saint-Esprit », il a clarifié les choses en leur expliquant que leur expérience était encore incomplète. Dans ses dernières paroles avant son ascension, il leur ordonna de ne pas aller prêcher immédiatement, mais de retourner à Jérusalem et d'attendre dans cette ville jusqu'à ce qu'ils soient baptisés du Saint-Esprit, et qu'ils reçoivent au travers de cela la puissance nécessaire pour être des témoins efficaces. *Il leur recommanda de ne pas s'éloigner de Jérusalem, mais d'attendre ce que le Père avait promis, ce que je vous ai annoncé, leur dit-il ; car Jean a baptisé d'eau, mais vous, dans peu de jours, vous serez baptisés du Saint Esprit. Mais vous recevrez une puissance, le Saint Esprit descendra sur vous, et vous serez mes témoins à Jérusalem, dans toute la Judée, dans la Samarie, et jusqu'aux extrémités de la terre.* (Actes 1:4-5, 8).

Le baptême dans le Saint-Esprit
Luc 24:49-51
Jean 16:7-14
Actes 1:4

Ainsi les disciples ont prié et attendu. Pendant la fête de la Pentecôte, cent vingt de ses disciples étaient rassemblés ensemble dans le même lieu, et c'est arrivé ! *Le jour de la Pentecôte, ils étaient tous ensemble dans le même lieu. Tout à coup il vint du ciel un bruit comme celui d'un vent impétueux, et il remplit toute la maison où ils étaient assis. Des langues, semblables à des langues de feu, leur apparurent, séparées les unes des autres, et se posèrent sur chacun d'eux. Et ils furent tous remplis du Saint Esprit, et se mirent à parler en d'autres langues, selon que l'Esprit leur donnait de s'exprimer.*

Ici, les disciples ont fait l'expérience du puissant baptême du Saint-Esprit. Bien qu'ils aient reçu la vie du Saint-Esprit seulement quelques semaines auparavant lorsque Jésus avait soufflé sur eux (Jean 20:22), ils ont reçu cette fois le *baptême* du Saint-Esprit. Ils ont reçu une nouvelle dimension de la puissance du Saint-Esprit.

Les baptêmes du Nouveau Testament

Cette distinction entre le fait de recevoir le Saint-Esprit à la nouvelle naissance et le fait de recevoir le *baptême du Saint-Esprit* est importante. Nous devons reconnaître la différence entre avoir le Saint-Esprit qui vit en nous et être baptisé du Saint-Esprit. Le baptême du Saint-Esprit est la provision du Seigneur pour libérer la puissance du Saint-Esprit dans la vie du croyant.

On raconte l'histoire d'un chrétien qui vivait dans un pauvre village à l'intérieur de son pays et qui a eu l'opportunité de se rendre dans une grande ville. N'ayant jamais expérimenté l'usage de l'électricité auparavant, il fut fasciné lorsqu'il vit les lampadaires et les néons pour la première fois. Il demanda à son hôte s'il pouvait avoir une ampoule pour la ramener à la maison. Lorsqu'il fut de retour dans son village, il suspendit l'ampoule au toit de sa hutte avec une ficelle. Il était frustré parce qu'elle ne fonctionnait pas, jusqu'à ce qu'un missionnaire lui explique qu'elle devait être connectée à une source de puissance. Il en va de même pour nous. Pour entrer dans la plénitude de ce que Dieu a prévu pour nos vies, nous n'avons pas de plus grand besoin que de nous connecter à la source de puissance. Nous avons besoin du puissant baptême du Saint-Esprit. C'est une porte d'entrée dans une nouvelle dimension de la présence et de la puissance de l'Esprit dans nos vies, et cela nous équipe pour le ministère.

REFLEXION
Avez-vous expérimenté la puissance du Saint-Esprit ?
Décrivez votre expérience.

Jour 4
Nous recevons par la foi

Tout comme la salut vient par la foi, le baptême du Saint-Esprit vient par la foi. Nous recevons le baptême du Saint-Esprit par la foi dans la parole de Dieu et par la foi en Jésus-Christ. La foi est toujours un prés requis pour recevoir le baptême du Saint-Esprit. Galates 3:14 nous dit explicitement... *et que nous recevions par la foi l'Esprit qui avait été promis.*

Chaque expérience sera différente. Nous pouvons prier et recevoir le baptême du Saint-Esprit tout seul dans notre chambre, ou quelqu'un d'autre peut prier pour nous pour que nous recevions la puissance du Saint-Esprit. Certains croyants ont une expérience émotionnelle et dynamique au moment où ils sont baptisés du Saint-Esprit. Ils peuvent commencer à chanter un champ nouveau que Dieu leur donne dans une langue inconnue ou à parler en langues. D'autres prennent simplement Dieu au mot et expérimentent la réalité du baptême du Saint-Esprit comme un processus au fil des jours et des semaines qui suivent.

Le type d'expérience que nous avons n'est pas primordial ; la clé est que nous sachions par la foi dans la parole de Dieu que nous avons été remplis et baptisés du Saint-Esprit. Nous devons *savoir* que nous sommes baptisés de l'Esprit tout comme nous *savons* que nous sommes nés de nouveau.

Il est possible d'être baptisé d'eau et du Saint-Esprit en même temps. Ou alors, d'autres seront baptisés du Saint-Esprit avant d'être baptisés d'eau. Cela s'est produit dans Actes 10:44-46. Pierre prêchait l'Evangile aux Gentils dans la maison de Corneille lorsqu'un phénomène étonnant s'est produit. *Comme Pierre prononçait encore ces mots, le Saint Esprit descendit sur tous ceux qui écoutaient la parole. Tous les fidèles circoncis qui étaient venus avec Pierre furent étonnés de ce que le don du Saint Esprit était aussi répandu sur les païens. Car ils les entendaient parler en langues et glorifier Dieu.* Les gens dans la maison de Corneille ont reçu la Parole et ont été sauvés. Le Seigneur a immédiatement déversé son Esprit sur eux avec puissance, comme un parallèle de l'expérience des disciples le jour de la Pentecôte. Le baptême du Saint-Esprit amène le courage personnel et la puissance de l'esprit dans nos vies dont nous avons besoin pour être efficaces.

Quelle que soit notre expérience personnelle, le baptême du Saint-Esprit est reçu par la foi. Un pasteur et sa femme sont venus un jour me trouver, me disant : « Nous ne sommes pas sûrs d'avoir été baptisés du Saint-Esprit. » Je leur ai assuré qu'ils pouvaient en être certains alors que je posais mes mains sur eux et priais. Cette fois, ils ont choisi de « recevoir la promesse de l'Esprit par la foi », et ils ont été glorieusement baptisés du Saint-Esprit ! A partir de ce moment, ils le savaient. Leur soif spirituelle les a conduit à céder et à recevoir le baptême du Saint-Esprit

REFLEXION

Par quel moyen recevons-nous le baptême du Saint-Esprit ?

Jour 5
Tu veux être efficace ? C'est ta décision

Certains demanderont peut-être : « Est-ce que j'ai vraiment besoin d'être baptisé du Saint-Esprit ? » Ma réponse serait : « Avez-vous vraiment besoin de toute la puissance de Dieu pour aider d'autres personnes à le trouver ? » Les gens tout autour de nous vont en enfer. Nous avons désespérément besoin de la puissance de Dieu afin qu'il puisse accomplir son dessein en nous et au travers de nous !

J'explique souvent la puissance du Saint-Esprit de la manière suivante : Si vous tondez une pelouse, vous pouvez le faire avec des ciseaux ou avec une tondeuse à gazon. C'est votre décision. Vous n'avez pas besoin d'être baptisé du Saint-Esprit pour être chrétien, mais à l'instar de la tondeuse, Dieu désire que nous soyons efficaces. En fait, les premiers disciples de Jésus faisaient d'être rempli du Saint-Esprit une exigence pour toute personne mise à part pour des responsabilités particulières dans l'église. *C'est pourquoi, frères, choisissez parmi vous sept hommes, de qui l'on rende un bon témoignage, qui soient pleins d'Esprit Saint et de sagesse, et que nous chargerons de cet emploi* (Actes 6:3).

Le baptême du Saint-Esprit augmente l'efficacité d'un témoignage chrétien en raison d'une relation fortifiante avec le Père, le Fils et le Saint-Esprit qui découle du fait d'être rempli de l'Esprit. Le Saint-Esprit rend la présence personnelle de Jésus plus réelle pour nous, et cela nous conduit à vouloir l'aimer et lui obéir de plus en plus.

Un sondage a été effectué il y a quelques années aux Philippines, montrant que chaque chrétien ayant reçu le baptême du Saint-Esprit avait amené trente-six personnes au Seigneur, le comparant à l'unique personne amenée au Seigneur par chaque chrétien n'ayant pas reçu le baptême du Saint-Esprit. Pourquoi un telle différence ? Les chrétiens baptisés de l'Esprit avaient simplement la puissance de Dieu dans leur vie pour témoigner plus efficacement.

Vous me direz peut-être que vous connaissez des chrétiens qui ne sont pas baptisés du Saint-Esprit. Moi aussi. Mais imaginez combien ils seraient plus efficaces s'ils étaient baptisés dans l'Esprit.

REFLEXION

Décrivez une période où vous avez expérimenté une plus grande efficacité à cause du baptême du Saint-Esprit.

Jour 6
La deuxième expérience de Saul avec le St-Esprit

Saul était un Juif pieux qui persécutait les chrétiens dans le livre des Actes. Alors qu'il était en route pour Damas pour y emprisonner les disciples, le Seigneur le rencontra et fit quelque chose de surnaturel dans sa vie. *« Qui es-tu, Seigneur ? » Et le Seigneur dit : « Je suis Jésus que tu persécutes... Lève-toi, entre dans la ville, et on te dira ce que tu dois faire.» Ananias sortit ; et, lorsqu'il fut arrivé dans la maison, il imposa les mains à Saul, en disant : « Saul, mon frère, le Seigneur Jésus, qui t'est apparu sur le chemin par lequel tu venais, m'a envoyé pour que tu recouvres la vue et que tu sois rempli du Saint Esprit »* (Actes 9:5, 6, 17).

Ananias appela Saul « frère » parce que Saul était maintenant chrétien. Cependant, Saul n'était pas encore rempli du Saint-Esprit. Beaucoup de gens disent que lorsque vous êtes sauvé, vous êtes automatiquement également remplis du Saint-Esprit. Bien qu'il soit possible de recevoir et d'être baptisé du Saint-Esprit à la conversion, ce n'est pas nécessairement le cas. Saul, qui deviendra l'apôtre Paul, fut baptisé du Saint-Esprit trois jours après avoir reçu Christ dans sa vie. Cela se passa lorsqu'Ananias imposa ses mains sur Saul et pria pour lui.

Cette différence entre la réception du Saint-Esprit à la conversion et le baptême du Saint-Esprit peut être expliquée comme suit : vous pouvez être conduit vers un réservoir d'eau et y puiser à boire (recevoir le Saint-Esprit à la conversion) ou vous pouvez pleinement sauter dans l'eau (être baptisé du Saint-Esprit). Il s'agit de la même eau (le Saint-Esprit), mais vous vivez une expérience complètement différente.

Vers la fin du dix-neuvième siècle, l'évangéliste Dwight L. Moody prêchait lors d'une campagne d'évangélisation. Il vit les deux mêmes dames assises au premier rang soir après soir. Pratiquement chaque fois, elles s'approchaient de lui à la fin de ses réunions et lui disaient : « M. Moody, vous avez besoin d'être rempli du Saint-

Esprit. » Tout d'abord, il résista à leurs remarques. Cependant, quelques mois plus tard, alors qu'il descendait une rue de New York City, il fit une expérience avec Dieu et fut rempli du Saint-Esprit. Les résultats furent étonnants ! Il prêchait les mêmes sermons, mais au lieu de voir deux ou trois personnes sauvées lors de ses réunions, il en voyait des centaines et des milliers. Pendant sa vie, un million de personnes furent sauvées de l'enfer à cause de la puisance de Dieu sur sa vie. Qu'est-ce qui fit la différence ? Le puissant baptême – la plénitude – du Saint-Esprit. Il avait reçu une puissance.

REFLEXION
Expliquez la différence entre recevoir le Saint-Esprit et être baptisé dans le Saint-Esprit. Pourquoi pensez-vous que chaque l'expérience de chacun soit légèrement différente ?

Jour 7
Découvrir sa puissance pour moi

J'ai été baptisé du Saint-Esprit sept ans après avoir reçu Jésus-Christ comme mon Seigneur. J'aurais pu être baptisé du Saint-Esprit plus tôt, mais j'étais ignorant de l'œuvre du Saint-Esprit. Bien que j'aime le Seigneur et fasse partie du ministère auprès des jeunes, je réalisais qu'il manquait quelque chose dans ma vie. J'avais besoin de la puissance du Saint-Esprit. Je fréquentais parfois des ministères chrétiens où les gens étaient libérés de la drogue ou d'autres problèmes qui contrôlaient leur vie, et je réalisais que ces personnes avaient une puissance spirituelle que je n'avais pas.

Après avoir étudié les Ecritures et avoir été convaincu que cette expérience était basée sur la parole de Dieu, je suis sorti un jour dans la forêt et j'ai prié : « Seigneur, je veux que tu me baptise du Saint-Esprit. » J'ai prié, mais rien ne s'est passé. En regardant avec du recule, je reconnais que j'avais le cœur plein d'orgueil. Je voulais recevoir le baptême du Saint-Esprit seulement, selon mes propres termes. Je ne voulais pas vraiment qu'il m'arrive quelque chose de trop radical ! En toute humilité je suis allé trouver un pasteur qui m'a imposé les mains et prié pour moi. Ce soir-là, j'ai reçu le baptême du Saint-Esprit.

Après avoir été baptisé du Saint-Esprit, ma vie prit immédiatement une nouvelle dimension. Ce n'était pas moi – c'était Dieu – le baptême du Saint-Esprit me donna un intense désir de lui plaire.

Avant d'être baptisé du Saint-Esprit, j'étais impliqué dans un ministère dans lequel quelques personnes avaient donné leur vie au Seigneur. Cependant, après avoir été baptisé du Saint-Esprit, tout commença à changer. Des centaines de jeunes donnèrent leur vie à Christ durant les quelques années qui suivirent. Je savais que ce n'était certainement pas du à ce que je faisait de ma propre force. C'était la puissance du Saint-Esprit.

Je dois reconnaître que, tout d'abord, je ne savais pas si je pouvais partager cette expérience avec d'autres, parce que c'était un sujet si controversé dans l'église à l'époque. J'ai changé d'avis lorsqu'une jeune femme me reprit en disant : « Pourquoi ne m'as-tu jamais parlé du baptême du Saint-Esprit ? Samedi soir passé, j'ai été baptisée du Saint-Esprit, et maintenant, j'expérimente sa puissance dans ma vie.» Si vous avez rempli une lampe de pétrole, vous avez encore besoin d'allumer une allumette et de l'approcher de la lampe afin que sa puissance soit libérée. Le même principe s'applique à la vérité du Saint-Esprit. Nous pouvons avoir le Saint-Esprit qui vit en nous, mais nous manquons de la puissance qu'il peut libérer dans nos vies. Dieu m'a parlé par cette jeune femme, et à partir de ce moment, j'ai raconté aux gens la vérité que j'avais découverte. Ce fut une joie de servir de « sage-femme spirituelle » lorsque Jésus les a baptisés dans son précieux Saint-Esprit !

Bien qu'il m'ait fallu plusieurs années du moment de ma conversion jusqu'à mon baptême du Saint-Esprit, je crois que c'est la volonté de Dieu que nous naissions de nouveau et recevions immédiatement le baptême du Saint-Esprit et la puissance de Dieu dans nos vies. Actes 2:38-39 dit que le baptême du Saint-Esprit n'était pas que pour les personnes présentes le jour de la Pentecôte, mais pour tous ceux qui croiraient en Christ dans cet âge… *et vous recevrez le don du Saint Esprit. Car la promesse est pour vous, pour vos enfants, et pour tous ceux qui sont au loin, en aussi grand nombre que le* Seigneur notre Dieu les appellera.

REFLEXION
Pour qui est le baptême du Saint-Esprit ?

CHAPITRE 4

Le baptême du Saint-Esprit 2

VERSET CLÉ À MÉMORISER

… Lorsque Paul leur eut imposé les mains,
le Saint Esprit vint sur eux,
et ils parlaient en langues
et prophétisaient.

Actes 19:6

Jour 1 \

Recevez le bon don de Dieu

Certains croyants sincères m'ont dit avoir entendu des choses négatives au sujet des gens baptisés de l'Esprit. C'est aussi mon cas. Mais nous vivons par la parole de Dieu, pas par l'expérience des autres personnes. Nous pouvons observer des choses faites au nom du Saint Esprit et qui ne viennent pas du tout du Saint Esprit, et penser : « Si c'est ça, le Saint-Esprit, je ne veux rien avoir à faire avec lui ! » Mais nous ne pouvons pas ignorer le baptême du Saint-Esprit simplement parce que nous avons vu ou discerné que ce n'était pas authentique.

D'autres diront peut-être : « Si je suis censé être rempli du Saint-Esprit, eh bien, c'est l'affaire de Dieu... Je suis ouvert à tout ce que le Seigneur veut me donner. » Cela semble une noble réponse, mais en réalité, cela peut être une déclaration d'incrédulité parce que ces personnes ne désirent pas vraiment être remplies. Un jeune homme me dit une fois qu'il avait l'impression de ne pas mériter d'être baptisé du Saint-Esprit. Je lui ai répondu : « Tu as raison. Moi non plus, je ne le mérite pas. Nous ne méritons pas le salut, ni quoi que ce soit d'autre, mais Dieu veut nous le donner comme un cadeau gratuit.

Dieu ayant initié notre acceptance de Christ et notre baptême du Saint-Esprit. C'est maintenant à nous de recevoir par la foi ce qu'il nous a gratuitement offert. Être baptisé du Saint-Esprit est un acte de foi personnel, une décision que nous prenons. Notre Père céleste veut nous donner le don du Saint-Esprit. *Si donc, méchants comme vous l'êtes, vous savez donner de bonnes choses à vos enfants, à combien plus forte raison le Père céleste donnera-t-il le Saint Esprit à ceux qui le lui demandent* (Luc 11:13).

Avez-vous été baptisé du Saint-Esprit ? Si vous n'en êtes pas sûr, demandez-le ! Jésus veut vous baptiser de son Saint-Esprit. Vous n'avez qu'à le lui demander par la foi, comme un enfant demanderait un cadeau à son père.

Votre Père céleste veut que vous receviez le Saint-Esprit, et il vous offre gratuitement le baptême du Saint-Esprit ! Supposez que je vous offre un cadeau de Noël, que vous le rameniez à la maison, que vous l'ouvriez et que vous trouviez de nombreux cadeaux emballés à l'intérieur. Un de ces cadeaux est un outil dont vous aviez besoin, une pince. Mais vous devez d'abord sortir la pince, la déballer et l'utiliser pour qu'elle devienne réellement efficace. Les mêmes principes s'appliquent à l'esprit de Dieu. Nous devons recevoir le don du baptême du Saint-Esprit par la foi, puis commencer à utiliser tous les merveilleux dons spirituels individuels qui l'accompagnent.

REFLEXION
Les cadeaux doivent être acceptés, ouverts et utilisés pour que nous puissions réellement les expérimenter. Comment acceptons-nous le don des langues que Dieu offre à ses enfants ?

Jour 2
Qu'en est-il des langues ?

A Ephèse, certains des croyants n'avaient même jamais entendu parler du Saint-Esprit. Ainsi Paul leur enseigna comment ils pouvaient recevoir le Saint-Esprit. Lorsqu'il pria pour eux, le Saint-Esprit vint sur eux et ils se mirent à parler en langues. *Lorsque Paul leur eut imposé les mains, le Saint Esprit vint sur eux, et ils parlaient en langues et prophétisaient...* (Actes 19:6).

Il y a neuf dons du Saint-Esprit surnaturels cités dans 1 Corinthiens 12:7-10. Pour plus de détails quand à l'exercice de ces dons, voir le livret de Fondements Bibliques numéro 4, chapitre 1, jour 4). Le don sur lequel nous voulons nous arrêter dans ce chapitre est le don des langues. *Or, à chacun la manifestation de l'Esprit est donnée pour l'utilité commune. En effet, à l'un est donnée par l'Esprit une parole de sagesse ; à un autre, une parole de connaissance, selon le même Esprit ; à un autre, la foi, par le même Esprit ; à un autre, le don des guérisons, par le même Esprit ; à un autre, le don d'opérer des miracles ; à un autre, la prophétie ; à un autre, le discernement des esprits ; à un autre, la diversité des langues ; à un autre, l'interprétation des langues.*

Souvent, lorsque des croyants sont baptisés du Saint-Esprit, ils commencent à parler en *langues*, un nouveau langage céleste. La Bible dit qu'ils glorifient Dieu (Actes 10:46). Cette langue de prière personnelle est comprise par Dieu parce que c'est mon esprit qui parle à Dieu. Le parler en langues est une ligne de communication directe entre moi et Dieu.

Dans le livre des Actes, le parler en langues était souvent le signe extérieur initial accompagnant le baptême du Saint-Esprit (Actes 2:4 ; 10:45-46 ; 19:6). Chaque croyant rempli de l'esprit devrait-il alors parler en langues ? Non, vous ne devez pas, mais vous pouvez ! C'est comme si on allait dans un magasin de chaussures et qu'on en achetait une paire en disant : « Est-ce que je suis obligé de mettre des semelles dans mes chaussures ? » Non ! Mais vous prenez les semelles, parce qu'elles font partie des chaussures ! La prière en langues est une bénédiction de Dieu. Imaginons que vous veniez chez moi et que je vous offre un repas. Vous me direz peut-être : « « Est-ce que je dois manger ce steak ? » ou « Est-ce que je dois manger cette salade ? » En fait, non, vous ne devez pas, mais ces aliments sont disponibles pour vous, faisant partie du repas offert !

Dieu veut que nous ayons et que nous utilisions les dons spirituels afin que nous soyons une bénédiction pour les autres. Nous devons les exercer afin qu'ils puissent être utilisés dans nos vies pour nous édifier spirituellement pour nous donner une force surnaturelle et une capacité d'être efficaces dans nos vies chrétiennes. 1 Corinthiens 14:1 dit : *Aspirez aux dons spirituels.*

Et Jude 20 nous dit de *nous édifier nous-mêmes sur notre très sainte foi, et priant par le Saint Esprit.*

Dieu veut que nous nous édifiions dans la foi afin que nous soyons des témoins puissants. Dans Actes 1:8, nous lisons que lorsque le Saint-Esprit vient sur nous, nous recevons une puissance pour être ses témoins. C'est pour cela que nous recevons une puissance – pour être ses témoins. La prière en langues nous édifie spirituellement. C'est comme si vous chargiez vos batteries spirituelles. Vous pouvez, avec cette puissance, prier pour les malades et servir les gens, les aidant tout en continuant de vous édifier vous-mêmes en priant en langues.

REFLEXION
Selon Actes 10:46, quel est le but des langues ?

Jour 3

Je désire que vous parliez tous en langues

Le parler en langues est un sujet de débats dans certaines parties de l'église de Jésus-Christ. Une des premières fois où je me suis rendu dans une réunion publique dans laquelle on m'avait averti que des gens parlaient en langues, je me suis assis à l'arrière de la salle, tout près de la sortie. Je voulais être capable de faire une sortie rapide et discrète si j'étais trop mal à l'aise ! Bien que certains croyants hésitent parce qu'ils ont vu ou entendu de mauvais usages du don des langues ou d'autres dons du Saint-Esprit, nous n'avons pas besoin d'avoir peur.

Cela semble drôle quand je m'en souviens aujourd'hui, mais une des peurs que j'avais lorsque je considérais la possibilité d'être baptisé du Saint-Esprit était que je me retrouve un jour dans un endroit comme un supermarché et que l'Esprit de Dieu descende sur moi. J'avais peur de commencer à parler en langues de façon incontrôlable. Je pouvais me voir, dans mon imagination, être si embarrassé ! Puis un jour j'ai lu ce verset : *Les esprits des prophètes sont soumis aux prophètes* (1 Corinthiens 14:32).

Votre esprit vous est soumis. C'est comme un robinet : soit vous l'ouvrez, soit vous le fermez. L'eau est toujours là, mais elle est sous votre contrôle. Vous choisissez de prier ou de ne pas prier en langues à tout moment, mais c'est Dieu qui vous donne la capacité et le don de parler en langues.

Quelle importance a donc ce don de parler en langues pour nous chrétiens, comme d'ailleurs l'exercice des autres dons spirituels ? L'apôtre Paul désirait que chaque chrétien parle en langues et témoignait que le parler en langues était une part importante de sa vie spirituelle. *Je désire que vous parliez tous en langues... Je rends grâces à Dieu de ce que je parle en langue plus que vous tous* (1 Corinthiens 14:5a, 18).

Quelqu'un qui ne parle pas en langues est-il alors un chrétien de deuxième classe ? Non, bien sûr que non ! Mais Dieu veut que nous soyons bénis et que nous utilisions ces bénédictions afin de pouvoir répondre à son appel sur nos vies. Certains disent qu'ils pensent qu'il est égoïste de prier en langues. Est-il égoïste de prier ? Est-il égoïste de lire la Bible ? Pourquoi prions-nous, lisons-nous la

Bible, parlons-nous en langues ? Nous le faisons pour communiquer avec Dieu, pour nous édifier spirituellement afin de pouvoir être efficaces dans notre service auprès des autres.

REFLEXION
Pourquoi certains chrétiens ont-ils peur de recevoir le don des langues ?

Jour 4
Court-circuiter le diable !

Nous prions de deux façons – avec notre intelligence et avec notre esprit. Toutes deux sont nécessaires, et toutes deux sont sous l'influence du Saint-Esprit, selon 1 Corinthiens 14:14-15. *Car si je prie en langue, mon esprit est en prière, mais mon intelligence demeure stérile. Que faire donc ? Je prierai par l'esprit, mais je prierai aussi avec l'intelligence ; je chanterai par l'esprit, mais je chanterai aussi avec l'intelligence.*

Nous pouvons d'abord prier avec notre intelligence. Lorsque nous prions, « Notre Père qui es aux cieux… », cela vient de notre intelligence. Nous le comprenons. Nous utilisons notre intelligence pour prier dans une langue que nous avons apprise.

Nous pouvons aussi prier avec notre esprit. Lorsque nous prions avec notre esprit (en langues), cela ne porte pas de fuit pour notre intelligence. Notre esprit prie directement le Père sans avoir à accepter les limitations de notre intelligence humaine.

En d'autres termes, lorsque nous prions avec notre esprit, nous n'avons aucune idée de ce que nous disons, mais notre Père céleste sait ce que nous disons. Nous venons simplement par la foi et faisons confiance à Dieu de pourvoir à la forme des mots et à leur sens. Utilisant notre nouveau langage, nous nous édifions nous-mêmes (1 Corinthiens 14:4) spirituellement. C'est comme une ligne téléphonique directe avec Dieu.

Un soir, peu de temps après mon baptême du Saint-Esprit, je suis entré dans une quincaillerie et il s'y trouvait deux homme conversant en « hollandais de Pennsylvanie », un langage que beaucoup de personnes d'origine germanique parlent dans notre région. Je ne comprends pas du tout ce langage. Même si je ne comprenais

Les baptêmes du Nouveau Testament

pas, ces hommes se comprenaient clairement. L'Esprit de Dieu me parla et me dit : « De la même manière que ces deux hommes se comprennent l'un l'autre, je comprends exactement ce que tu dis lorsque tu pries en langues. Continue à me louer et à me glorifier dans cette nouvelle langue que je t'ai donnée. » J'ai été libéré pour prier en langues à partir de ce jour sans de pensées récurrentes d'incrédultié et de doute de la part du diable.

Aujourd'hui, je prie en langues chaque jour, parce que lorsque je prie en langues, je court-circuite le diable. Il n'a aucune idée de ce que je dis. Je parle la « langue des anges », je dis des « mystères », selon la parole de Dieu... *Je parle les langues des hommes et des anges (1 Corinthiens 13:1).*

En effet, celui qui parle en langue ne parle pas aux hommes, mais à Dieu, car personne ne le comprend, et c'est en esprit qu'il dit des mystères (1 Corinthiens 14:2).

REFLEXION
Comment le don des langues m'aide-t-il à prier ? Est-ce que je sais ce que je dis lorsque je prie en langues ? Le diable sait-il ce que je dis ?

Jour 5
Genres de langues

Pour clarifier certaines fausses idées répandues sur les langues, considérons deux genres de langues mentionnées dans la parole de Dieu. Le genre de langues que nous avons mentionné jusqu'à maintenant est pour la prière personnelle et l'intercession. C'est le type de langues qui glorifie Dieu, ligne de communication directe entre Dieu et nous. C'est Dieu qui parle au travers de nous. *De même aussi l'Esprit nous aide dans notre faiblesse, car nous ne savons pas ce qu'il nous convient de demander dans nos prières. Mais l'Esprit lui-même intercède par des soupirs inexprimables ; et celui qui sonde les coeurs connaît la pensée de l'Esprit, parce que c'est selon Dieu qu'il intercède en faveur des saints (Romains 8:26-27).*

P.C. Nelson, fondateur du Southwestern Bible Institute, était un érudit du grec. Il enseignait ses jeunes pasteurs en formation que ce passage se dit littéralement, en grec : « Le Saint-Esprit intercède pour nous par des gémissements qui ne peuvent être prononcés dans un langage articulé » (un langage articulé est le genre de langage ordinaire). Il souligne que le grec implique non seulement des « gémissements », mais aussi « d'autres langues[1] ». La Bible nous dit que le Saint-Esprit nous aide à prier. Très souvent, je me trouve incapable de mettre des mots sur les désirs de mon cœur quand je prie. Et parfois, des situations sont si complexes que je ne sais tout simplement pas comment prier. Mais le Saint-Esprit sait !

Le second type de langues est mentionné dans 1 Corinthiens 12:28-30, après que Dieu ait dit avoir établi dans l'église différentes persones pour différentes tâches et responsabilités. *Et Dieu a établi dans l'Église premièrement des apôtres, secondement des prophètes, troisièmement des docteurs, ensuite ceux qui ont le don des miracles, puis ceux qui ont les dons de guérir, de secourir, de gouverner, de parler diverses langues. Tous sont-ils apôtres ? Tous sont-ils prophètes ? Tous sont-ils docteurs ? Tous ont-ils le don des miracles ? Tous ont-ils le don des guérisons ? Tous parlent-ils en langues ? Tous interprètent-ils ?*

Comme ce verset déclare : « Tous parlent-ils en langues ? », beaucoup pensent que cela implique que tout le monde ne peut pas parler en langues, dans le sens d'une langue de prière personnelle. Cependant, ce verset pose en réalité la question suivante : « Est-ce que tous sont établis pour s'adresser *à l'église* avec le don des langues ? »

Voyez-vous, il existe un don destiné à être utilisé *dans l'église*, qui est un genre de parler en langues. Il est différent du genre de parler en langues que nous expérimentons lorsque nous prions dans notre langage de prière. Lorsque ce don des langues est utilisé dans l'église, quelqu'un qui a ce don donne un message en langues, et quelqu'un avec le *don d'interprétation* en donne la signification, édifiant ainsi le corps de Christ.

En résumé, bien que tous les chrétiens puissent parler en langues pour s'édifier spirituellement afin de mieux servir Dieu, il donne aussi parfois un don particulier de langues, utilisé pour édifier son église. Ces versets sont clairs quand au fait que tous ne seront pas utilisés par Dieu pour parler en langues dans une réunion de l'église. Cependant, nous pouvons toujours prier en langues comme

---

[1] *Seven Vital Steps To Receiving the Holy Spirit* par Kenneth E. Hagin, p. 10

langage de prière personnel. Il en va de même pour les autres dons énumérés dans ce passage. Vous et moi pouvons ne pas avoir le don d'administration dans l'église, mais nous devons tous administrer nos comptes personnels. Nous pouvons ne pas avoir le don de guérison, mais nous sommes tous appelés à prier pour les malades dans notre propre famille.

REFLEXION
Pouvez-vous avoir et utiliser votre langue de prière même si vous ne le faites pas publiquement ?
Quel est le but des langues lorsque l'église est rassemblée ?

Jour 6
Désirez ardemment

Après que Paul ait fait la liste des dons ministériels du Saint-Esprit à l'église dans 1 Corinthiens 12:28-30, il dit au verset 31 : *Aspirez (en anglais : désirez ardemment) aux dons les meilleurs. Et je vais encore vous montrer une voie par excellence.*

Quel est le plus grand don ? Le plus grand don dépend de la situation dans laquelle vous vous trouvez. Si vous avez besoin de guérison, vous faites confiance à Dieu pour le « plus grand » don de guérison, parce que c'est ce dont vous avez besoin.

Quelle est cette « voie par excellence » ? C'est l'amour. 1 Corinthiens 13 nous en parle en long et en large ! Certains disent qu'ils n'ont pas besoin de tous ces dons ; ils ont juste besoin de l'amour. Ce n'est pas ce que Paul essayait de nous communiquer. Il met l'accent sur le fait que posséder les dons spirituels sans amour n'équivaut à rien. Nous devons utiliser ces dons dans l'amour selon 1 Corinthiens 13:8-13 : *L'amour ne périt jamais. Les prophéties prendront fin, les langues cesseront, la connaissance disparaîtra. Car nous connaissons en partie, et nous prophétisons en partie, mais quand ce qui est parfait sera venu, ce qui est partiel disparaîtra. Lorsque j'étais enfant, je parlais comme un enfant, je pensais comme un enfant, je raisonnais comme un enfant ; lorsque je suis devenu homme, j'ai fait disparaître ce qui était de l'enfant. Aujourd'hui nous voyons au moyen d'un miroir, d'une manière obscure, mais alors nous verrons face à face ; aujourd'hui je connais en partie, mais alors je connaîtrai comme j'ai été connu. Maintenant donc ces trois choses demeurent : la foi, l'espérance, l'amour ; mais la plus grande de ces choses, c'est l'amour.*

Ce passage des Ecritures révèle que les langues cesseront lorsque « ce qui est parfait sera venu ». Certaines personnes pensent que cela signifie que les langues ne sont plus nécessaires aujourd'hui. Ils croient que l'expression « ce qui est parfait » fait référence à la Bible. Cependant, ils ne réalisent pas que le même passage dit nous verrons « face à face ». Ce n'est pas la Bible que nous verrons face à face. Nous verrons Jésus face à face. A ce moment-là, à la fin des temps, il n'y aura plus besoin du don des langues. Mais jusqu'à ce que nous voyions Jésus face à face, le Seigneur nous a donnés les dons spirituels, le don des langues, le don de prophétie et tous ces autres dons surnaturels pour que nous les utilisions pour sa gloire sur cette terre.

REFLEXION
Quel est le meilleur don ? Quelle est la voie par excellence ?

Jour 7
Continuez d'être remplis de l'Esprit

Êtes-vous certains d'être baptisé du Saint-Esprit ? Priez-vous en langues ? Les dons spirituels sont-ils évidents dans votre vie ? Si vous n'en êtes pas sûrs, demandez à Jésus de vous remplir de son précieux Saint-Esprit aujourd'hui. Demandez à un autre croyant rempli de l'esprit de prier pour vous. Il faut parfois qu'une autre personne s'accorde avec nous dans la foi pour recevoir la plénitude du Saint-Esprit. Paul a eu Ananias. Les Samaritains ont du attendre Pierre et Jean. Je suis allé vers un ami pasteur.

Nous devons saisir et recevoir la promesse du Saint-Esprit par la foi. Par la foi nous recevons et nous continuons d'être remplis jour après jour ! Dwight L. Moody, le fameux évangéliste, avait l'habitude de dire : « J'ai besoin d'être rempli du Saint-Esprit chaque jour, parce que j'ai des fuites ! »

Les premiers croyants savaient asussi cela, selon Actes 4:31 : *Quand ils eurent prié, le lieu où ils étaient assemblés trembla; ils furent tous remplis du Saint Esprit, et ils annonçaient la parole de Dieu avec assurance.* Nombre de ces croyants avaient déjà été remplis du Saint-Esprit à la Pentecôte dans Actes 2. Mais ils avaient

Les baptêmes du Nouveau Testament

besoin d'être remplis à nouveau. Nous avons également besoin de faire l'expérience d'un renouveau constant. Paul avertit les croyants que pour maintenir la plénitude du Saint-Esprit, ils doivent vivre une vie séparée du péché. *Ne vous enivrez pas de vin : c'est de la débauche. Soyez, au contraire, remplis de l'Esprit* (Ephésiens 5:18).

Le baptême du Saint-Esprit dans le Nouveau Testament se passe dans le contexte d'une vie de disciple engagée envers Jésus Christ. Nos coeurs doivent être droits devant Dieu pour qu'il déverse son esprit sur nous. Alors que nous vivons dans l'obéissance à Christ, il y aura une plus grande conscience et présence du Saint-Esprit dans nos vies. Nous approfondirons notre relation avec le Père et grandirons dans notre amour pour les autres.

Dieu désire vous utiliser pour que d'autre face le bénéficie d'une vie transformée. Mais il faut la puissance du Saint-Esprit pour voir du changement. Le Seigneur désire vous utiliser pour toucher les vies des autres pour l'éternité. Les membres de votre famille seront transformés lorsque vous serez baptisés du Saint-Esprit. Cela ne se produira peut-être pas immédiatement, mais cela se produira ! Ce ne sera pas par vos capacités naturelles, mais par Christ qui est à l'œuvre en vous par le Saint-Esprit. Que Dieu vous bénisse alors que vous vivez par la puissance et l'autorité de Dieu et que vous expérimentez le Saint-Esprit coulant à travers votre vie.

REFLEXION
Pourquoi les croyants dans Actes 4:31 ont-ils à nouveau besoin d'être à nouveau remplis du Saint-Esprit ? Y a-t-il une évidence de puissance dans votre vie démontrant que vous avez été baptisé du Saint-Esprit ?

Les baptêmes du Nouveau Testament
Canevas du chapitre 1
Le baptême d'eau

1. **Un principe élémentaire : la doctrine des baptêmes**
   Hébreux 6:2
   a. Cette doctrine fondamentale est plurielle : la doctrine des baptêmes.
   b. Nous allons nous pencher sur quatre types de baptêmes : le baptême d'eau, le baptême dans le corps du Christ, le baptême de feu et le baptême du Saint-Esprit.

2. **Le baptême d'eau est une démonstration d'obéissance**
   a. Le baptême est un signe extérieur d'une purification intérieure du péché. C'est un acte de foi et d'obéissance.
   b. Jésus a montré l'exemple (Matthieu 3:15).
   c. Le baptême suivait la foi en Jésus (Marc 16:16).
   d. Le baptême des bébés n'est pas mentionné dans la Bible.

3. **Le baptême d'eau, une proclamation publique**
   a. Le premier pas d'obéissance est le baptême d'eau (Actes 2:38).
   b. Il exprime une proclamation publique (Marc 1:4).
   c. Les chrétiens sont équipés pour accomplir le grand commandement missionnaire : faire des disciples et les baptiser. Matthieu 28 :19-20

4. **Le baptême d'eau montre que nous sommes morts au péché et vivants pour Christ**
   a. Mort au péché, vivant pour Christ (Romains 6:4).
   b. Le baptême d'eau est un signe que nous sommes morts au péché et ressuscités pour une vie nouvelle.
   c. Notre vie ancienne est morte.
   Ex. Le gangster Joe a donné sa vie à Jésus. Il n'est plus le même.
   d. Baptisé signifie en grec « immergé ». Cependant, le mode n'est pas aussi important que le fait de savoir que votre ancienne nature est morte et que vous êtes maintenant vivant pour Christ.

5. **Le baptême d'eau illustre une circoncision du Nouveau Testament**
   a. Un type de circoncision du Nouveau Testament. Colossiens 2:11-12
   b. Dans l'Ancien Testament, le pré puce d'un garçon était ôté comme signe de l'alliance de Dieu avec son peuple. Le baptême d'eau est un signe que notre nature pécheresse a été ôtée.
   c. L'esclavage du passé est brisé après avoir passé par les eaux, comme ce fut le cas pour les enfants d'Israël sortant de la Mer Rouge après leur esclavage en Egypte (1 Corinthiens 10:1-2).
   d. Le péché n'est pas notre maître (Romains 6:14), notre vielle nature est crucifiée avec Christ (Romains 6:6).

6. **Le baptême d'eau témoigne que nous obéissons à Dieu**
   a. Nous sommes exhortés à croire et à être baptisés (Marc 16:16).
   b. Il symbolise une purification spirituelle (1 Pierre 3 :21).
   c. Qu'en est-il d'une conversion sur son lit de mort ? (Luc 23 :40-43).
   d. Le baptême suivant de près la conversion est la norme. Actes 16 :33, Actes 8 :38, Actes 18 :8

7. **Soyez baptisé d'eau !**
   a. Qu'attendez-vous ? les doutes peuvent assombrir votre foi. Romains 14 :23
   b. Vous n'avez pas besoin d'être pasteur pour baptiser quelqu'un d'autre. Paul a formé les autres dans l'église pour l'aider.
   1 Corinthiens 1 :14, 17

Les baptêmes du Nouveau Testament

**Les baptêmes du Nouveau Testament
Canevas du chapitre 2**

D'autres baptêmes

1. **Le baptême dans le corps de Christ**
   1 Corinthiens 12 :13
   a. Le Saint-Esprit nous place surnaturellement dans le corps de la famille de Dieu.
   b. Nous sommes sur terre pour devenir les mains, les pieds, la langue... avec divers dons, appels et fonctions.

2. **La merveilleuse famille de Dieu**
   a. Lorsque nous sommes nés de nouveau dans la famille de Dieu, nous devenons frères et sœurs en Christ de tous les autres chrétiens dans le monde !
      Ex. Visite de la plus grande église du monde en Corée, rencontre de croyants qui parlent une autre langue, mais nous étions un !
   b. La famille de Dieu est composée de personnes de chaque nationalité, race et culture (Apocalypse 5:9)
   c. Nous sommes fils et filles du roi de l'univers.
      2 Corinthiens 6:18

3. **Le baptême de feu**
   Luc 3:16
   a. Le feu est un symbole de purification et de puissance.
   b. Les épreuves et les temps difficiles sont des types du baptême de feu.
   c. Le Seigneur désire nous purifier pendant ces temps (Luc 3:17), mais le processus de nettoyage peut ne pas être facile.
      Ex. Séparation du blé de la balle dans une ferme cela implique de le secouer ! Soudure : cela implique d'ôter les scories afin que les deux métaux puissent adhérer.
   d. Lorsque les *scories* spirituelles sont révélées dans nos vies, Jésus va nous aider à nous débarrasser de ces impuretés.

4. **Boire la coupe**
   a. Jésus a demandé à ses disciples s'ils étaient prêts à souffrir pour la cause du Royaume (Matthieu 20:22-23).
   b. Les disciples ont répondu qu'ils étaient prêts à souffrir, mais plus tard ils abandonneront Jésus lors de son arrestation.
   c. Jésus les rejoint avec son pardon, parce qu'il comprend nos faiblesses. Lorsque les impuretés sortent de nos vies, il nous rejoint avec amour afin que nous soyons victorieux.

5. **Regardez comme un sujet de joie**
   a. Dieu désire que nous lui fassions confiance lorsque nous passons par le feu.
   Jacques 1:2-5
   b. Son caractère est façonné dans nos vies et nous devenons plus utiles à son service.
   Ex. Pour que le métal soit durci, la pièce de métal en fusion doit être plongée dans l'eau, puis ressortie pour la tremper.

6. **Persévérer dans nos épreuves**
   a. Frère ou sœur abrasive qui vous hérisse les poils dans le mauvais sens. Comment allez-vous répondre ?
   Ex. Un caillot de sang douloureux sous l'ongle. Besoin de libérer la pression. Le Seigneur va nous utiliser pour libérer la pression spirituelle sur la vie des autres si nos attitudes sont pures.
   b. Lorsque nous persévérons dans les épreuves, nous sommes purifiés par la parole de Dieu (Ephésiens 5:25-27).

7. **En feu pour Jésus**
   a. Un autre aspect du baptême de feu est l'aspect puissance.
   b. Nous devrions être en feu pour Jésus (Apocalypse 3:19).
   c. Les premiers disciples brûlaient de zèle pour Dieu. Phinées dans l'Ancien Testament fut honoré par le Seigneur parce qu'il était zélé (Nombres 25:11-13).
   d. Nos désirs sont-ils enveloppés dans ses désirs ? (Psaume 69:9)

Les baptêmes du Nouveau Testament

Les baptêmes du Nouveau Testament
Canevas du chapitre 3

Le baptême du Saint-Esprit 1

1. **La promesse du Saint-Esprit**
   a. Jésus baptise du Saint-Esprit (Luc 3:16).
   b. Tous les croyants ont le Saint-Esprit qui habite en eux. 1 Corinthiens 3:16.
   c. Le Saint-Esprit est une personne – la troisième personne de la trinité.

2. **Le Saint-Esprit habite dans la vie de chaque croyant**
   a. Il nous motive à vivre des vies saintes (Romains 8:9).
   b. Avant sa crucifixion, Jésus a promis à ses disciples qu'ils recevraient le Saint-Esprit (Jean 14:17).
   c, Après sa résurrection, il a soufflé sur eux pour qu'ils reçoivent le Saint-Esprit (Jean 20:22). Les disciples sont alors nés de nouveau selon la nouvelle alliance.

3. **Vous recevrez une puissance !**
   a. Après que Jésus ait soufflé sur ses disciples pour qu'ils *reçoivent* le Saint-Esprit, il a clairement dit que cette expérience n'était pas complète.
   b. Jésus leur a dit d'attendre jusqu'à ce qu'ils soient *baptisés* du Saint-Esprit, qui leur donnerait la puissance pour témoigner (Actes 1:4-5, 8).
   Ex. Une ampoule n'a pas de puissance sans électricité.

4. **Nous recevons par la foi**
   a. Nous recevons le Saint-Esprit par la foi (Galates 3:14).
   b. Le type d'expérience vécue n'est pas aussi important que le fait de savoir par la foi que nous avons été remplis et baptisés.
   Ex. L'expérience de chacun ne sera pas la même (les croyants d'Actes 10:44-46 ont été baptisés du Saint-Esprit avant d'être baptisés d'eau).

5. **Tu veux être efficace ? C'est ta décision**
   a. Dieu désire que nous soyons remplis de la puissance du Saint-Esprit pour être plus efficaces.
   b. C'est une condition requise pour les responsables mis à part dans l'église primitive.
   Actes 6:3
   > *Ex. Sondage aux Philippines : les croyants remplis de l'Esprit amenaient plus de personnes à Christ parce qu'ils avaient la puissance de Dieu pour témoigner avec plus d'impact.*

6. **La deuxième expérience de Saul avec le Saint-Esprit**
   a. Saul a été sauvé surnaturellement, puis a attendu qu'Ananias vienne lui imposer les mains pour recevoir la puissance du Saint-Esprit.
   Actes 9:5, 6, 17
   > *Ex. Vous pouvez être conduit vers un réservoir d'eau et soit en boire, soit sauter dedans !*
   b. La prédication de D.L. Moody a eu des résultats radicaux après qu'il ait été baptisé du Saint-Esprit.

7. **Faire l'expérience de sa puissance pour soi-même**
   > *Ex. Témoignage personnel du baptême du Saint-Esprit.*
   a. Le baptême du Saint-Esprit n'est pas que pour les disciples à la Pentecôte.
   Actes 2:38-39
   b. Comme une lampe à pétrole, qui a besoin d'une allumette pour l'allumer, nous avons besoin d'être « allumés » par le baptême du Saint-Esprit pour libérer sa puissance.

Les baptêmes du Nouveau Testament

Les baptêmes du Nouveau Testament
Canevas du chapitre 4

Le baptême du Saint-Esprit 2

1. **Recevez le bon don de Dieu**
   a. Le fait d'être baptisé du Saint-Esprit est un acte de foi personnel.
   b. Le baptême du Saint-Esprit est un cadeau (Luc 11:13). Demandez !
   Ex. Vous devez ouvrir un cadeau et l'utiliser pour qu'il soit efficace.

2. **Qu'en est-il des langues ?**
   a. Les premiers chrétiens recevaient le Saint-Esprit et parlaient en langues.
   (Actes 19:6)
   b. Le don des langues (1 Corinthiens 12:7-10) est un langage céleste qui glorifie Dieu (Actes 10 :46).
   c. Les langues sont souvent un signe extérieur du baptême du Saint-Esprit (Actes 2:4 ; 10:45-46 ; 19:6).
   d. Nous devrions aspirer aux dons spirituels (1 Corinthiens 14) afin d'être édifiés spirituellement.

3. **Je désire que vous parliez tous en langues**
   a. Le parler en langues n'est pas une sorte de transe incontrôlable !
   (1 Corinthiens 14:32)
   b. Paul désirait que tous parlent en langues (1 Corinthiens 14:5a ; 14:18), parce que c'était une part importante de sa vie spirituelle.

4. **Court-circuiter le diable !**
   a. Nous prions avec notre intelligence et avec notre esprit.
   (1 Corinthiens 14:14-15)
   b. Nous comprenons lorsque nous prions avec notre intelligence. Lorsque nous prions avec notre esprit, nous prions directement le Père sans devoir accepter les limitations de notre intelligence humaine.
   c. Le diable ne peut pas comprendre la langue des anges.
   (1 Corinthiens 13:1 ; 14:2)

5. Genres de langues
a. Les langues pour la prière personnelle et l'intercession. (Romains 8:26-27) Lorsque nous ne savons pas comment prier, le Saint-Esprit prie pour nous.
b. Le don des langues utilisé dans l'église : (1 Corinthiens 12:28-30) Le message en langues est donné, puis interprété dans une langue connue.

6. Désirez ardemment
a. Lorsque Paul cite les dons ministériels du Saint-Esprit à l'église, il dit que nous devrions aspirer aux « dons les meilleurs » et à la « voie plus excellente » (1 Corinthiens 12:28-30).
b. Le don le meilleur est celui dont vous avez besoin à un moment donné : guérison... La voie plus excellente est l'amour.
c. Posséder les dons sans amour n'équivaut à rien.
d. Jusqu'à ce que nous voyons Jésus face à face, les dons, y compris les langues, nous sont donnés pour sa gloire sur la terre. (1 Corinthiens 13:8-13)

7. Continuez d'être remplis de l'Esprit
a. Si vous n'êtes pas sûrs de l'être, demandez à être baptisé du Saint-Esprit aujourd'hui !
b. Après l'avoir reçu, nous devons continuer à être rempli, parce que nous avons des fuites !
c. Les premiers croyants ont été remplis à nouveau (Actes 4:31) après avoir été remplis à la Pentecôte (Actes 2).
d. Pour maintenir la plénitude de l'Esprit, nous devons vivre des vies séparées du péché (Éphésiens 5:18).
e. Le baptême du Saint-Esprit se produit dans le contexte d'une vie de disciple engagée envers Jésus-Christ.

Les baptêmes du Nouveau Testament

Questions de méditation supplémentaires

Si vous utilisez ce livret comme guide de méditation quotidienne, vous aurez réalisé qu'il y a vingt-huit jours dans cette étude. Selon le mois, vous pourrez avoir besoin des trois études quotidiennes données ci-dessous.

Jour 29
L'Esprit de vérité
Lisez Jean 16:13-14. Ces versets nous parlent de l'œuvre que le Saint-Esprit fait dans nos vies. Faites-en la liste. Quelle est l'œuvre principale du Saint-Esprit ? Qui le Saint-Esprit entend-il parler ? A qui le Saint-Esprit dit-il ces vérités ? Le Saint-Esprit vous a-t-il déjà parlé ? Comment pouvez-vous savoir que c'est lui ?

Jour 30
Des fleuves d'eau vive
Lisez Jean 7:38-39. Ici, Jésus promet que les croyants recevront le Saint-Esprit et qu'il débordera de leurs coeurs comme des fleuves d'eau vive. Qu'est-ce que l'eau vive ? Vers qui ces fleuves coulent-ils ? Quand Jésus a-t-il été glorifié ? Pourquoi le Saint-Esprit n'a-t-il été donné qu'après la glorification de Jésus ?

Jour 31
La joie et le Saint-Esprit
Lisez Actes 13:48-52. Êtes-vous un disciple de Christ ? Expliquez alors que nous marchons sur les traces des premiers disciples, que pouvons-nous nous attendre à expérimenter ? Vivez-vous des persécutions ou des épreuves ? Votre vie est-elle rempli de joie et du Saint-Esprit ? Expliquez.

Fondements bibliques 4

Construire pour l'éternité

L'espérance de la résurrection, l'imposition des mains et le jugement éternel

CHAPITRE 1

Transmettre la bénédiction et la guérison

VERSET CLÉ À MÉMORISER
C'est pourquoi je t'exhorte à ranimer
le don de Dieu que tu as reçu
par l'imposition de mes mains.

2 Timothée 1:6

Jour 1

Un principe élémentaire : l'imposition des mains

Il y a quelques années, j'ai visité une école biblique où j'ai rencontré un homme âgé. Il avait expérimenté Dieu dans le miraculeux pendant toute sa vie, et je lui ai demandé s'il voulait bien venir dans ma chambre pour prier pour moi. Je savais qu'il avait quelque chose dont j'avais besoin. Alors qu'il posait les mains sur moi et priait, je sentis que le Seigneur me donnait sa bénédiction à travers ce précieux homme de Dieu. Je savais que selon les Ecritures, quelque chose se produit lorsque un croyant impose ses mains sur un autre croyant et qu'il prie pour lui. Il *donne* ou *transmet* quelque chose, au travers de son enseignement ou de son influence, dont l'autre personne a besoin.

Dans Lévitique 16:21-22, Aaron posait les mains sur un bouc vivant et confessait les péchés du peuple, qui étaient transmis de ses mains sur le bouc. Ce transfert surnaturel s'est produit par l'imposition des mains.

Que se passe-t-il dans ce transfert surnaturel ? La Bible nous dit qu'il y a une transmission claire de la puissance et de la bénédiction de Dieu d'une personne à une autre par l'imposition des mains. « L'imposition des mains » est une autre de ces importantes pierres de fondement que nous devons poser dans nos vies chrétiennes selon Hébreux 6:1-2. *C'est pourquoi, laissant les éléments de la parole de Christ, tendons à ce qui est parfait, sans poser de nouveau le fondement ... de l'imposition des mains...*

Le projet du Seigneur pour cette pierre de fondement de l'imposition des mains est que nous puissions expérimenter la bénédiction du Seigneur et être une bénédiction pour les autres. Dans l'Ancien Testament, l'imposition des mains était une pratique acceptée pour transmettre la bénédiction aux générations futures. Jacob a transmis la bénédiction de Dieu à ses enfants en leur imposant les mains avant sa mort (Genèse 48:14).

Un de mes amis m'a raconté l'histoire véridique d'un homme chrétien ayant réalisé qu'il arrivait au bout de sa vie et qu'il allait bientôt rejoindre son Père dans le ciel. Il rassembla ses enfants autours de lui et leur transmis à chacun la bénédiction de Dieu. Puis il alla dans sa chambre à coucher, se coucha et s'en alla auprès du Seigneur. C'est là un exemple véridique et actuel de la transmission de la bénédiction divine.

Nous n'avons pas besoin d'attendre d'arriver au terme de noter vie pour transmettre notre bénédiction par l'imposition des mains, cependant ! Dans les deux chapitres suivants, nous allons examiner comment *l'imposition des mains* est pour la transmission, non seulement de la bénédiction, mais aussi de la guérison, des dons spirituels et de l'autorité.

REFLEXION
Qu'y a-t-il de surnaturel dans l'imposition des mains ?
Avez-vous déjà demandé à un autre chrétien de vous transmettre une bénédiction en vous imposant les mains ? Décrivez ce que vous avez demandé.

Jour 2
Transmettre la vie les uns aux autres

Il y a une puissance extraordinaire dans nos vies pour bénir, encourager et aider les gens simplement en les touchant. Je crois que cela s'applique tout particulièrement aux enfants. Ceux qui servent dans une nurserie peuvent ainsi bénir les enfants en les portant dans leurs bras et en proclamant la parole de Dieu sur eux. Une nuit, il y avait un enfant dans notre maison qui n'arrêtait pas de pleurer. J'ai pris l'enfant en pleurs dans mes bras et j'ai prié dans l'Esprit, lui communiquant une bénédiction. Après quelques minutes, l'enfant est devenu paisible. Quel privilège ce fut de transmettre une bénédiction spirituelle à cet enfant. Jésus lui-même l'a fait. *Puis il les prit dans ses bras, et les bénit, en leur imposant les mains* (**Marc 10:16**). J'impose les mains sur mes enfants chaque soir avant qu'ils aillent au lit. Alors que je prie pour eux, je transmets la santé du Seigneur, la guérison, la grâce et l'onction dans leurs vies. Pourquoi ? Parce qu'il y a une puissance libérée lorsque nous transmettons des bénédictions spirituelles aux autres

J'aime serrer la main des gens pour la première fois. En tant que croyant en Jésus-Christ, nous pouvons serrer la main d'une personne et transmettre, par un genre d'imposition des mains, la foi, la conviction, la grâce de Dieu et l'onction du Seigneur dans leurs vies. Le Seigneur désire que nous soyons une bénédiction pour les autres afin que nous héritions une bénédiction de sa part, comme nous le dit 1 Pierre 3:8-9 : *Enfin, soyez tous animés des mêmes pensées et des mêmes sentiments, pleins d'amour fraternel, de compassion, d'humilité. Ne rendez point mal pour mal, ou injure pour injure ; bénissez, au contraire, car c'est à cela que vous avez été appelés, afin d'hériter la bénédiction.*

Quelque chose de surnaturel se produit lorsque nous comprenons le principe de l'imposition des mains et que nous participons à cette vérité vivifiante. Lorsque des chrétiens remplis de l'esprit posent leurs mains sur d'autre et prient une prière de foi, la puissance de Dieu qui est en eux sera aussi reçu par la personne pour laquelle ils prient. Avez-vous déjà serré dans vos bras une personne ayant mis un parfum très fort ? Pendant les quelques minutes qui suivent, vous continuez à sentir ce parfum ou cette eau de Cologne. Lorsque quelqu'un pose ses mains sur vous, il vous transmet quelque chose que le Seigneur lui a donné. Quelque chose qui est sur lui vient sur vous. Nous pouvons imposer les mains aux autres et leur transmettre les bénédictions de Dieu, et ils peuvent en faire de même pour nous.

REFLEXION
Comment le Seigneur transmet-il une bénédiction en nous et au travers de nous ?

Jour 3
Transmettre la puissance du Saint-Esprit
Dans l'Ancien Testament comme dans le Nouveau, il y a de nombreux exemples d'imposition des mains, dans lesquels une personne pose ses mains sur une autre dans un but précis. Remarquons tout d'abord comment la puissance du Saint-esprit est transmise par l'imposition des mains. Dans Actes 8:14-15, 17, nous pouvons observer que l'imposition des mains a aidé ceux qui recherchaient le baptême dans le Saint-Esprit. *Les apôtres, qui étaient à Jérusalem, ayant appris que la Samarie avait reçu la parole de Dieu, y envoyèrent Pierre et Jean. Ceux-ci, arrivés chez les Samaritains, prièrent pour eux, afin qu'ils reçoivent le Saint Esprit... Alors Pierre et Jean leur imposèrent les mains, et ils reçurent le Saint Esprit.*

Pierre et Jean descendirent en Samarie, imposèrent les mains aux nouveaux croyants, qui reçurent alors le baptême dans le Saint-Esprit. Vous allez peut-être demander : « Faut-il que quelqu'un m'impose les mains pour que je sois baptisé dans le Saint-Esprit ? » Non, cela n'est pas une obligation. Cependant, il y a quelque chose de surnaturel qui se produit lorsque un croyant rempli de l'Esprit pose ses mains sur une autre personne et prie avec foi. Dieu agit surnaturellement au travers de son peuple et lui donne la capacité divine de transmettre la puissance du Saint-Esprit alors qu'il prie avec foi.

Il y a de nombreuses années, un ami m'a imposé les mains et a prié pour moi, et j'ai commencé à parler dans une langue nouvelle (j'ai parlé en langues). J'ai maintenant ce même privilège d'imposer les mains sur des gens et de les voir remplis du Saint-Esprit et prier en langues. Et vous aussi. L'imposition des mains pour transmettre la baptême dans le Saint-Esprit n'est pas que pour les croyants du livre des Actes, elle est aussi pour nous aujourd'hui.

Jésus Christ est le même hier, aujourd'hui et éternellement (Hébreux 13:8). Il désire vous utiliser pour prier pour que d'autres soient baptisés dans le Saint-Esprit alors que vous leur imposez les mains et priez pour eux avec foi. Attendez-vous à ce que le Seigneur vous utilise !

REFLEXION

Pouvez-vous recevoir le Saint-Esprit sans imposition des mains ? Dieu vous a-t-il déjà utilisé pour transmettre le Saint-Esprit à quelqu'un en lui imposant les mains ? Racontez votre expérience.

Jour 4
Transmettre les dons spirituels

Un autre objectif de l'imposition des mains est la transmission de dons spirituels. Paul dit dans Romains 1:11-12 qu'il désire transmettre aux chrétiens de cette ville des dons spirituels afin de les fortifier dans leur foi. *Car je désire vous voir, pour vous communiquer quelque don spirituel, afin que vous soyez affermis, ou plutôt, afin que nous soyons encouragés ensemble au milieu de vous par la foi qui nous est commune, à vous et à moi.*

Jésus ne désire pas seulement que nous transmettions le baptême dans le Saint-Esprit par l'imposition des mains, mais aussi les dons spirituels que le Saint-Esprit nous offre. 1 Corinthiens 12:8-10 nous parle de neuf de ces dons spirituels surnaturels : *En effet, à l'un est* donnée par l'*Esprit une parole de sagesse ; à un autre, une parole de connaissance, selon le même Esprit ; à un autre, la foi, par le même Esprit ; à un autre, le don des guérisons, par le même Esprit ; à un autre, le don d'opérer des miracles ; à un autre, la prophétie ; à un autre, le discernement des esprits ; à un autre, la diversité des langues ; à un autre, l'interprétation des langues.*

Alors que nous recevons du Seigneur des dons spirituels particuliers et que nous apprenons à les utiliser, nous pouvons ensuite imposer les mains aux autres et leur transmettre ces dons. Ce ne sont pas les seuls dons que le Saint-esprit transmette au corps de Christ pour qu'il les utilise parmi son peuple. D'autres dons mentionnés en Romains 12:6-8 sont les dons de prophétie, de service, d'enseignement, d'exhortation, de libéralité, de présidence et de compassion. Ces dons sont des désirs intérieurs ou des motivations que nous avons et qui nous rendent capables d'équiper le peuple de Dieu et d'exprimer son amour pour les autres.

Il y a beaucoup de dons spirituels surnaturels et très pratiques que le Seigneur nous donne. Lorsque Dieu nous les donne, il nous donne aussi la puissance et la capacité d'imposer nos mains aux autres afin qu'ils puissent voir ces dons commencer à bourgeonner dans leurs propres vies. Le Seigneur désire vous utiliser pour transmettre aux autres ce qu'il vous a donnés.

Peut-être avez-vous besoin de discernement ou d'un don de foi. Trouvez quelqu'un qui a ce don actif dans sa vie, et demandez-lui de vous imposer les mains et de prier pour vous. A de nombreuses reprises, j'ai demandé aux autres de m'imposer les mains et de prier pour moi, et j'ai reçu une capacité surnaturelle et une force spirituelle. A d'autres reprises, j'ai eu le privilège d'imposer mes mains sur d'autres et de leur transmettre un don de foi, et ils ont reçu une force spirituelle et une foi renouvelée.

REFLEXION

Faites la liste des neuf dons spirituels cités dans 1 Corinthiens 12. Ajoutez-y les sept dons mentionnés dans Romains 12. Avez-vous certains de ces dons actifs dans vos vies ? En avez-vous transmis à d'autres ?

Jour 5

Associez-vous avec ceux qui peuvent vous transmettre des dons

L'onction et les dons de Dieu sont stimulés lorsque nous nous associons avec des gens qui ont les mêmes genres de dons actifs dans leur vie. Cela nous donne une plus grande opportunité de voir ces dons transférés ou transmis. Lorsque nous nous frottons à ceux qui ont certains dons spirituels, ils peuvent poser leurs mains sur nous pour nous transmettre ce don. Dans 1 Timothée 4:14, Paul dit : *Ne néglige pas le don qui est en toi, et qui t'a été donné par prophétie avec l'imposition des mains de l'assemblée des anciens.*

Les responsables de l'église ont imposé leurs mains sur Timothée, et Dieu lui a donné les dons spirituels dont il avait besoin pour accomplir ses responsabilités. Paul écrit à Timothée de ne pas négliger le don qu'il a reçu du Seigneur par l'imposition des mains. Il encourage aussi Timothée à ranimer ce don. *C'est pourquoi je t'exhorte à ranimer le don de Dieu que tu as reçu par l'imposition de mes mains* (2 Timothée 1:6).

Si vous avez le don de prophétie, de service ou de miséricorde, vous pouvez ranimer ces dons alors que vous les exercez et priez dans l'Esprit. En confessant la vérité de la parole de Dieu remerciez le de vous avoir donné ces dons, vous les ranimez en vous et pouvez ainsi devenir une bénédiction pour ceux qui vous entourent.

REFLEXION
Expliquez à votre manière « l'onction vient par association ». Selon 2 Timothée 1:6, comment pouvez-vous ranimer les dons que Dieu a mis en vous ?

Jour 6

Transmettre la santé aux malades

L'imposition des mains est aussi associée au ministère de guérison physique. Le Seigneur veut que nous soyons ouverts à son Esprit qui nous conduit à prier pour les autres et à ce que les autres prient pour nous afin de voir la puissance de guérison divine libérée. La Bible nous dit dans Marc 16:17-18 : *Voici les miracles qui accompagneront ceux qui auront cru : en mon nom... ils imposeront les mains aux malades, et les malades seront guéris.*

Cette promesse est pour chaque croyant. Les Ecritures nous disent que ceux qui croient en Jésus imposeront les mains aux malades et que ceux-ci seront guéris. Dieu vous a appelé, ainsi que votre famille, à imposer les mains aux malades. Pour de nombreux chrétiens, la première chose à faire lorsque quelqu'un est malade est d'appeler un médecin ou de se rendre à la pharmacie. Mais la première chose à faire lorsque quelqu'un est malade est d'imposer les mains sur cette personne et de prier pour elle. Dieu nous dit qu'elle sera guérie ! La puissance de guérison de notre Seigneur passe d'un croyant à un autre par l'imposition des mains. Il n'y a rien de mal avec le fait d'aller chez le médecin, mais nous devons venir à Jésus en premier.

Nous lisons dans le livre des Actes, chapitre 9, qu'Ananias, qui avait compris la puissance libérée par l'imposition des mains et la prière, imposa les mains sur Saul pour sa guérison ... *il imposa les mains à Saul, en disant : « Saul, mon frère, le Seigneur Jésus, qui t'est apparu sur le chemin par lequel tu venais, m'a envoyé pour que tu recouvres la vue et que tu sois rempli du Saint Esprit ». Au même instant, il tomba de ses yeux comme des écailles, et il recouvra la vue. Il se leva, et fut baptisé...* (Actes 9:17-18). Saul avait donné sa vie à Jésus-Christ sur le chemin de Damas. Trois jours plus tard, Ananias pria pour Saul et deux choses se produisirent. Tout d'abord, Saul, qui avait été aveugle depuis trois jours, avait des écailles sur les yeux. Les Ecritures disent que les écailles tombèrent de ses yeux lorsque Ananias lui imposa les mains et pria pour lui. Ensuite, Saul fut rempli du Saint-Esprit.

Jésus transmettait constamment la santé aux autres alors qu'il les touchait. Nous lisons dans Marc 1:41-42 l'histoire de Jésus guérissant un homme lépreux. *Jésus, ému de compassion, étendit la main, le toucha, et dit : Je le veux, sois pur. Aussitôt la lèpre le quitta, et il fut purifié.*

Nous voyons à nouveau Jésus transmettant la guérison dans Marc 6:56. *En quelque lieu qu'il arrivât, dans les villages, dans les villes ou dans les campagnes, on mettait les malades sur les places publiques, et on le priait de leur permettre seulement de toucher le bord de son vêtement. Et tous ceux qui le touchaient étaient guéris.*

Jésus vit en chacun de nous aujourd'hui. Alors que nous faisons un pas dans la foi et croyons en la parole de Dieu, nous serons aussi des canaux de guérison. Lorsque nous imposons les mains aux malades et prions dans la foi, la Bible dit qu'ils seront guéris.

REFLEXION
Que se passait-il en général lorsque Jésus touchait des gens ou qu'ils le touchaient ? Pouvons-nous en faire de même aujourd'hui ?

Jour 7
N'importe quel croyant peut transmettre une bénédiction à un autre

L'imposition des mains n'est pas une pratique réservée aux responsables. Chaque croyant peut transmettre des bénédictions spirituelles à d'autres de cette manière. En tant que peuple de Dieu, nous sommes l'église. Lorsque nous lisons le Nouveau Testament, nous ne voyons pas l'église comme un groupe de croyants qui ne font que se réunir dans un bâtiment le dimanche matin; leur vie comprenait de profonds échanges quotidiens. Chacun faisait intégralement partie de la vie des autres et réciproquement. *Ils étaient chaque jour tous ensemble assidus au temple, ils rompaient le pain dans les maisons, et prenaient leur nourriture avec joie et simplicité de coeur, louant Dieu, et trouvant grâce auprès de tout le peuple. Et le Seigneur ajoutait chaque jour à l'Église ceux qui étaient sauvés* (Actes 2:46-47).

Ces croyants faisait l'expérience de l église véritable. Ils savaient comment transmettre la bénédiction de Dieu les uns aux autres alors qu'ils étaient en relation étroite en tant que peuple de Dieu. La même chose se produit tout autour du monde aujourd'hui. Les gens ont une relation pleine de ferveur avec Jésus-Christ. Ils sont fatigués d'une religion sans vie. Ils désirent vivre quelque chose d'authentique. Lorsque Jésus-Christ les sauve et les baptise dans le Saint-Esprit, ces croyants ne veulent pas simplement s'asseoir et « jouer à l'église ». Ils désirent une relation – avec Jésus et les uns avec les autres ! Ils ouvrent leurs maison et servent les gens dans leur propre foyer.

Des petits groupes interactifs qui se réunissent de maison en maison, ainsi que des réunions plus larges pour recevoir un enseignement et vivre des temps d'adoration bourgeonnent un peu partout – des cellules, des églises de maison, des groupes de communion, des petits groupes – peu importe le nom qu'on leur donne, ils ont pour objectif de former des chrétiens matures et de donner à chaque chrétien une tâche à accomplir. Les petits groupes donnent à chacun une opportunité de bénir les autres et de leur transmettre la vie. Dans des petits groupes de types familiaux, la prochaine génération de croyants peut être nourrie et bénie.

Il y a des temps où je me sens comme vidé de ma foi. Comme la foi vient de ce qu'on entend et ce qu'on entend vient de la parole de Dieu (Romains 10:17), je sais que la méditation de la parole de Dieu est la première étape pour vivre un renouvellement de ma foi. Mais à de nombreuses reprises, j'ai aussi été renouvelé dans la foi lorsque quelqu'un « rempli de foi » a prié pour moi et m'a imposé les mains, me transmettant la foi et la puissance guérissante de Jésus. Dieu nous a créés d'une telle manière que nous avons besoin les uns des autres. Nous sommes son corps, et chaque partie du corps est importante. Lorsque nous avons un besoin, le Seigneur choisit souvent d'utiliser quelqu'un d'autre pour transmettre dans nos vies ce dont nous avons besoin. Le Seigneur désire aussi nous utiliser pour transmettre dans la vie des autres ce qu'il nous a donné.

REFLEXION

Donnez quelques exemples de la façon dont le Seigneur peut vous utiliser pour transmettre des bénédictions spirituelles à d'autres.

CHAPITRE 2

Transmettre l'autorité

VERSET CLÉ À MÉMORISER

Alors, après avoir jeûné et prié,
ils leur imposèrent les mains,
et les laissèrent partir.

Actes 13:3

Jour 1
Reconnaître un ministère spécifique

Un autre objectif de l'imposition des mains est la reconnaissance publique que quelqu'un a reçu une autorité du Seigneur pour un ministère spécifique et l'envoi de cette personne pour sa mise en œuvre. Actes 13:2-3 relate une situation où l'église d'Antioche reconnaît et envoie deux apôtres en leur imposant les mains. *Pendant qu'ils servaient le Seigneur dans leur ministère et qu'ils jeûnaient, le Saint Esprit dit : Mettez-moi à part Barnabas et Saul pour l'oeuvre à laquelle je les ai appelés. Alors, après avoir jeûné et prié, ils leur imposèrent les mains, et les laissèrent partir.*

Les responsables de l'église transmirent à Barnabas et Saul, par l'imposition des mains, la bénédiction et la grâce que le Saint-Esprit leur avait donné. Ils ont été envoyés pour un ministère spécifique, reconnaissant l'appel que Dieu avait déjà placé sur leur vie. Barnabas et Saul ont été envoyés comme l'une des équipes missionnaires les plus puissantes ayant jamais foulé la surface de la terre !

Dans le chapitre 6 des Actes, un groupe d'hommes a été mis à part pour distribuer de la nourriture aux veuves et aux gens dans le besoin. Ces hommes furent amenés devant les apôtres, qui leur imposèrent les mains et leur transmirent l'autorité et la responsabilité pour la tâche spécifique de distribution de nourriture. A cause de leur passé pieux et de leur fidélité au Seigneur, ces « diacres » furent mis à part pour le ministère, servant l'église de cette manière. *Cette proposition plut à toute l'assemblée. Ils élurent Étienne, homme plein de foi et de l'Esprit Saint, Philippe, Prochore, Nicanor, Timon, Parménas, et Nicolas, prosélyte d'Antioche. Ils les présentèrent aux apôtres, qui, après avoir prié, leur imposèrent les mains* (Actes 6:5-6).

Les Ecritures nous enseignent que ceux qui ont reçu une autorité de Dieu (qui ont déjà un ministère éprouvé) devraient être mis à part ou consacrés pour ce ministère spécifique dans l'église en recevant l'imposition des mains de leurs responsables d'église. Lorsque j'étais jeune pasteur, les responsables spirituels envers lesquels j'étais redevable m'imposèrent les mains, m'établissant dans un nouveau rôle de responsabilité. Le Seigneur les a utilisés pour établir ce nouveau mandat de responsable dans ma vie.

REFLEXION

Pourquoi est-il important de recevoir une transmission de la part de responsables avant d'être envoyé dans un ministère spécifique ?

Jour 2
Un exemple de transmission d'autorité dans l'Ancien Testament

Un exemple d'imposition des mains pour une autorité dans un ministère spécifique est mentionné dans l'histoire de Moïse et de Josué dans l'Ancien Testament. Moïse a fidèlement conduit les enfants d'Israël dans le désert. Lorsqu'il arriva au terme de son ministère, il demanda au Seigneur de mettre en place un nouveau responsable sur Israël qui prendrait sa place. Josué, que Moïse avait formé sur quarante années, pris sa position de leader sur le peuple de Dieu. Voyons ce qui s'est produit pendant ce temps de transfert de responsabilité. Nous pouvons clairement voir le principe de l'imposition des mains dans Nombres 27:18, 20. *L'Éternel dit à Moïse : « Prends Josué, fils de Nun, homme en qui réside l'esprit ; et tu poseras ta main sur lui. Tu le rendras participant de ta dignité, afin que toute l'assemblée des enfants d'Israël l'écoute. »*

Cela se produisit, bien sûr, lorsque Moïse réalisa le besoin que Josué devienne le nouveau responsable. Josué avait déjà été formé par Moïse et appelé par Dieu, mais Moïse reconnut son appel en lui imposant les mains et en lui transmettant un peu du pouvoir et de l'autorité que le Seigneur lui avait donné pour conduire le peuple de Dieu. Josué fut rempli de l'Esprit de sagesse (Deutéronome 34:9) après que Moïse lui ait transmis son autorité. Cette transmission donna à Josué ce que Moïse avait reçu. Moïse transmit à Josué la capacité spirituelle et la bénédiction qu'il avait reçues du Seigneur.

REFLEXION

Pourquoi était-ce important pour Moïse de transmettre son autorité à Josué ?

Jour 3

Les responsables spirituels ont l'autorité de transmettre

La Bible nous enseigne que les responsables spirituels que le Seigneur place dans nos vies ont reçu une autorité divine et une responsabilité sur nos vies. Le Seigneur leur demande de veiller sur nos âmes. Hébreux 13:17 nous dit : *Obéissez à vos conducteurs et ayez pour eux de la déférence, car ils veillent sur vos âmes comme devant en rendre compte ; qu'il en soit ainsi, afin qu'ils le fassent avec joie, et non en gémissant, ce qui ne vous serait d'aucun avantage.*

Tout d'abord, dans le corps de Christ, nous avons l'autorité de Dieu, parce que nous sommes fils et filles du Seigneur par la foi en Jésus-Christ. Mais alors que nous nous impliquons dans l'église dans des sphères de ministère spécifiques, nous recevons non seulement une autorité directement de Dieu, mais également alors que nous sommes établis par des responsables spirituels que le Seigneur a placé dans nos vies.

Quel que soit le domaine de service dans lequel nous nous trouvons, nous serions sages de nous poser ces questions : « Seigneur, y a-t-il quelqu'un avec qui je peux partager certaines de mes responsabilités ? » Lorsque le moment vient, le Seigneur peut nous demander d'imposer les mains sur quelqu'un d'autre pour lui transmettre les bénédictions et les dons spirituels que le Seigneur nous a donnés.

Les responsables spirituels posent leurs mains sur de nouveaux pasteurs, responsables, missionnaires et les établissent dans de nouveaux domaines de service. Les mains sont posées sur eux pour leur transmettre les bénédictions spirituelles et les dons que Dieu veut leur donner. Quelque chose de surnaturel se produit lorsque nous posons nos mains sur d'autres et les mettons à part pour un ministère particulier. Ceux qui imposent les mains sur de nouveaux responsables chrétiens sont responsables devant Dieu de « veiller sur les âmes » de ceux qu'ils établissent.

REFLEXION

Désirez-vous que quelqu'un vous impose les mains pour vous transmettre une bénédiction et des dons spirituels ? Demandez !

Jour 4

Un mot de mise en garde : Ne vous précipitez pas

Il y a quelques années, j'ai lu un article au sujet d'un réveil puissant en Asie du Sud-Est. Un jeune homme avait découvert Jésus, et Dieu commençait à l'utiliser de façon incroyable. Les anciens de l'église se sont alors réunis, lui ont imposé les mains et prié pour lui, lui transmettant l'autorité et la responsabilité et l'envoyant comme un évangéliste. Pratiquement partout où il allait, des gens étaient sauvés et guéris. L'église commençait à grandir et des miracles se produisaient. Après un certain temps, ce jeune homme commença à s'enfler d'orgueil et finit par tomber dans l'immoralité.

Lorsque les responsables de l'église le confrontèrent avec amour, le jeune homme leur répondit : « Regardez, des miracles et des guérisons se produisent, qui êtes-vous pour me dire ce que je dois faire ? » Il n'était pas prêt à être redevable pour ses actions et refusa de se repentir de ses péchés. Les mêmes responsables, qui avaient imposé leurs mains sur ce jeune homme quelques années plus tôt pour l'envoyer dans sa tâche, informèrent le jeune homme qu'ils se sentaient responsables.

« Voici ce que nous allons faire », lui dirent-ils. « Nous nous préoccupons de toi en tant que personne, mais nous croyons que ta désobéissance au Seigneur t'a entraîné à mal utiliser la puissance de Dieu. Nous allons prier et reprendre cette onction, cette capacité que nous t'avons transmise lorsque nous t'avons imposé les mains. » Savez-vous ce qui s'est passé ? Après qu'ils aient prié pour le « désenvoyer », le jeune homme ne reçut plus la puissance de Dieu pour guérir les malades, et les miracles cessèrent de se produire. A partir de ce jour, l'évangéliste ne vit plus le genre de miracles qu'il avait l'habitude d'expérimenter.

Les responsables de l'église réalisèrent qu'ils avaient imposé les mains sur ce jeune responsable, en lui donnant responsabilité et autorité en tant qu'évangéliste, avec trop de précipitation. Ils ont appris dans la douleur ce que les Ecritures nous enseignent dans 1 Timothée 5:22. *N'impose les mains à personne avec précipitation...*

Les responsables d'église doivent faire attention de ne pas imposer les mains sur de dirigeants immatures, pasteurs ou responsables de ministère prématurément. Une personne mise à part pour le ministère doit avoir un passé de fidélité envers le Seigneur.

Lorsque des responsables spirituels posent leurs mains sur quelqu'un, ils se tiennent en tant que représentants de Dieu et donnent à cette personne une autorité dans le service chrétien. Il y a une puissance spirituelle libérée par l'imposition des mains lorsque un membre du peuple de Dieu est mis à part pour un ministère spécifique. De la même manière, cette autorité peut être reprise.

REFLEXION
Citez certaines raisons valides pour refuser d'imposer les mains à une personne.

Jour 5
Un autre mot de mise en garde : gardez-vous purs

Après que 1 Timothée 5:22 nous enseigne à ne pas nous précipiter dans l'imposition des mains, le verset continue en disant… *et ne participe pas aux péchés d'autrui ; toi-même, conserve-toi pur.*

Nous pouvons « participer » au péché d'une autre personne si nous lui imposons les mains alors qu'il a un péché connu dans sa vie. Ce verset s'applique peut-être principalement à l'établissement de quelqu'un de l'église dans un ministère spécifique, mais je crois qu'il peut être appliqué à n'importe quelle personne pour laquelle nous prions.

Par exemple, un soir, une jeune femme de notre cellule nous demanda de prier pour elle, parce qu'elle avait de fortes douleurs dans le dos. Quelqu'un discerna qu'elle avait d'abord besoin de pardonner un membre de sa famille. Lorsque nous le lui avons suggéré, elle répondit promptement qu'elle ne pouvait pas pardonner la personne qui l'avait blessée. Nous l'avons encouragée à pardonner d'abord afin qu'elle puisse pleinement recevoir la prière de foi pour sa guérison, ce qu'elle fit. Il est important de prier d'abord avec d'autres et de les aider à trouver la liberté en confessant leur péché, en se repentant et en recevant la parole de Dieu et le pardon avant que nous puissions leur transmettre la bénédiction ou l'autorité de

Dieu. Alors seulement, l'imposition des mains pourra véritablement porter du fruit.

Dieu désire vous utiliser pour imposer les mains aux autres et leur transmettre sa bénédiction et son autorité. Partout où vous allez, Dieu désire vous donner des opportunités de transmettre l'autorité de Dieu aux gens. Nous devons, bien sûr, user de sagesse pour le faire. Par exemple, les hommes devraient prier pour des hommes autant que possible. Les femmes devraient prier pour des femmes. Les Ecritures semblent encourager à ce que les hommes plus âgés accompagnent les plus jeunes, et que les femmes plus âgées encouragent les plus jeunes. Paul donne à Tite ces lignes directrices. *Dis que les femmes âgées ... doivent donner de bonnes instructions, dans le but d'apprendre aux jeunes femmes... Exhorte de même les jeunes gens...* (Tite 2:3-4, 6).

Si je sens que je dois transmettre la bénédiction de Dieu ou son autorité à une femme, je trouverai une autre personne pour m'accompagner dans ce temps de prière. Nous devons user de discrétion. Des limites claires devraient toujours être maintenues entre un homme et une femme, en particulier lorsque nous lui imposons les mains et que nous prions pour lui/elle, ceci pour éviter tout malentendu. Les Ecritures nous disent de nous « abstenir de toute apparence de mal » (1 Thessaloniciens 5:22).

REFLEXION
Expliquez avec vos propres termes ce que l'expression « s'abstenir de toute apparence de mal » veut dire dans le contexte de l'imposition des mains.

Jour 6
Nous avons l'autorité déléguée de servir les autres

Le principe de l'imposition des mains me rappelle le fait d'aller à la banque. Imaginons que je vais à la banque et que j'emmène le carnet de chèques de mon père, avec un chèque signé par lui. J'aurais son autorité déléguée pour retirer de l'argent de la banque. Demandons maintenant au Seigneur : « Comment puis-je transmettre ta bénédiction et ton autorité à quelqu'un aujourd'hui ? » Les Ecritures nous rappellent que nous sommes des prêtres. Nous

Construire pour l'éternité

sommes un sacerdoce royal, selon 1 Pierre 2:9 : *Vous, au contraire, vous êtes une race élue, un sacerdoce royal, une nation sainte, un peuple acquis, afin que vous annonciez les vertus de celui qui vous a appelés des ténèbres à son admirable lumière.* Vous souvenez-vous de ce que faisaient les prêtres dans l'Ancien Testament avant la venue de Jésus ? Ils se tenaient entre le Seigneur et son peuple.

Aujourd'hui, d'une manière nouvelle, nous sommes capables de prendre les bénédictions de Dieu par l'imposition des mains et de les transmettre aux gens, même à ceux qui ne sont pas encore chrétiens. La Bible dit dans 2 Corinthiens 3:6 que nous sommes « ministres d'une nouvelle alliance ». Vous et moi sommes aujourd'hui des ministres et nous pouvons servir les gens en leur imposant les mains au nom de Jésus. Lorsqu'il y a un manque de paix, nous transmettons sa paix. Lorsqu'ils sont faibles, nous transmettons sa force. Lorsqu'ils ont besoin d'être remplis du Saint-Esprit, nous transmettons son précieux Saint-Esprit.

Si vous faites partie d'un petit groupe de croyants dans une cellule ou une église de maison, vous savez que vous pouvez participer à « l'œuvre du service ». Vous n'avez pas besoin d'attendre que votre responsable de cellule, votre pasteur ou ses assistants prient pour les autres – vous pouvez le faire vous-même. Il y a ainsi des temps où vous aurez besoin de vous rendre à l'hôpital pour prier pour un malade. Dans une telle situation, vous devriez demander aux autres membres de votre petit groupe de vous imposer les mains et de prier pour vous. Ils vous transmettront la bénédiction de Dieu et son onction afin que vous soyez plus efficace quand vous prierez pour le malade et que vous le servirez au nom de Jésus Christ à l'hôpital.

Si vous êtes parent, imposez vos mains sur vos enfants et priez pour eux. Vous laissez couler l'autorité de Dieu, sa grâce et son onction sur vos enfants lorsque vous leur imposez les mains. J'ai souvent eu le privilège de transmettre sa paix, sa sagesse et sa force à d'autres personnes. J'ai également eu le privilège que beaucoup m'imposent les mains et me transmettent ces mêmes bénédictions. C'est là ce que Dieu désire que nous fassions : nous servir les uns les autres.

REFLEXION

Donnez des exemples de la manière dont vous avez servi d'autres personnes en leur imposant les mains.

Jour 7

Recevoir l'autorité de la part des autres

Si vous êtes impliqué dans un domaine spécifique de ministère, est-ce que qulqu'un vous a déjà imposé les mains, vous établissant dans ce domaine de service ? Peut-être avez-vous un ministère auprès des enfants dans l'église ou dans la communauté. Recevez la bénédiction et l'autorité du Seigneur au travers de l'imposition des mains. Demandez à ceux que le Seigneur a placés dans votre vie comme responsable spirituel de vous imposer les mains et de prier pour vous. La parole de Dieu nous dit dans Hébreux 13:7 : *Souvenez-vous de vos conducteurs qui vous ont annoncé la parole de Dieu ; considérez quelle a été la fin de leur vie, et imitez leur foi.* Vos responsables spirituels ont quelque chose dont vous avez besoin – vous pouvez imiter leur foi et leurs pratiques, parce qu'ils sont forts dans la foi. Ce faisant, vous recevez une transmission de leur part.

Peut-être que votre pasteur local ou votre responsable de cellule pourrait vous imposer les mains et vous établir pour servir dans un domaine particulier. De cette manière, vous aurez l'autorité du Seigneur, ainsi que l'autorité et la bénédiction de son église pour faire les choses auxquelles le Seigneur vous a appelé.

REFLEXION

Quelqu'un vous a-t-il déjà imposé les mains, vous établissant dans un domaine de service ? Si non, demandez !

CHAPITRE 3

Nous vivrons pour toujours

VERSET CLÉ À MÉMORISER

En vérité, en vérité, je vous le dis, celui qui écoute ma parole, et qui croit à celui qui m'a envoyé, a la vie éternelle et ne vient point en jugement, mais il est passé de la mort à la vie.

Jean 5:24

Jour 1

Un principe élémentaire : la résurrection des morts

Dans ce chapitre, nous allons examiner cette pierre de fondement importante qu'est « la résurrection des morts », et dans le prochain chapitre « le jugement éternel ». *C'est pourquoi, laissant les éléments de la parole de Christ, tendons à ce qui est parfait, sans poser de nouveau le fondement ... de la résurrection des morts, et du jugement éternel (Hébreux 6:1-2).*

Pourquoi la résurrection des morts est-elle si importante pour notre foi ? La différence entre le christianisme et toutes les autres religions est qu'au centre même du christianisme se trouve cette vérité : Jésus-Christ est vivant aujourd'hui ! Mahommet est mort. Bouddha est mort. Tous ces « grands prophètes » ayant fondé les autres grandes religions mondiales sont morts, mais Jésus-Christ est vivant ! L'église primitive proclamait clairement que « Jésus-Christ est ressuscité des morts ». Le fait que Jésus Christ soit ressuscité des morts et pleinement vivant était le fondement de leur foi !

Sa résurrection est au centre de notre foi. Il est ressuscité des morts – c'est au centre de l'Evangile de Jésus-Christ. Jésus a été ressuscité des morts et ceux qui croient en Christ auront part à sa résurrection. Nous vivrons pour toujours ! En fait, à la fin des temps, chacun passera par la résurrection, y compris les méchants qui seront jugés et punis. Jésus lui-même a parlé de résurrection des morts, aussi bien des justes que des injustes, dans Jean 5:28-29 : *Ne vous étonnez pas de cela ; car l'heure vient où tous ceux qui sont dans les sépulcres entendront sa voix, et en sortiront. Ceux qui auront fait le bien ressusciteront pour la vie, mais ceux qui auront fait le mal ressusciteront pour le jugement.*

REFLEXION
Quel fait se trouve au centre de l'évangile de Jésus-Christ ?
Pourquoi est-ce si important ?

Jour 2

L'espérance grandit en sachant que nous serons ressuscités

Il y a une quantité extraordinaire d'espérance qui vient en sachant qu'il y aura une résurrection des morts. Car sans vie éternelle, il n'y a pas de relations durables. Comme la relation est si importante pour Dieu, il nous a créés en tant qu'êtres éternels. Il désirait être en communion avec nous pour toujours. Les chrétiens auront une relation (avec Dieu et les uns avec les autres) pour l'éternité, parce que nous vivrons pour toujours !

Lorsque Jésus marchait sur la terre, son propre frère, Jacques, n'a pas réalisé qu'il était le Fils de Dieu (Jean 7:5) jusqu'à ce que Jésus se lève d'entre les morts et lui apparaisse. Jacques est devenu instantanément croyant. N'auriez-vous pas fait de même ?... *Christ est mort pour nos péchés, selon les Écritures... il a été enseveli... il est ressuscité le troisième jour, selon les Écritures... Ensuite, il est apparu à Jacques, puis à tous les apôtres* (1 Corinthiens 15:3, 4, 7).

Je suis allé à de nombreux enterrements. Lorsque de véritables chrétiens meurent, il y a de l'espérance. Ils vont vers le Seigneur. L'espérance imprègne toute la cérémonie, parce que la résurrection des morts assure que vous les reverrez dans l'avenir.

Ceux qui ne croient pas à la vie éternelle n'ont pas l'espérance de la future résurrection des morts. Thomas Paine, bien connu pour ses connections avec les révolutions française et américaine, était également un infidèle notoire qui mourut misérablement en rébellion contre ce Dieu qu'il n'avait jamais voulu écouter. Lorsque des chrétiens tentèrent de partager avec lui pendant ses derniers jours sur cette terre, sa réponse fut : « Fichez-moi le camp, et votre Dieu aussi ! Sortez tout de suite de cette chambre ! » Parmi les derniers murmures qu'entendirent les personnes veillant ce mourant infidèle et qui ont été enregistrés dans l'histoire, se trouvent ces paroles : « Mon Dieu, mon Dieu, pourquoi m'as-tu abandonné ? » Il est mort sans espérance.[1]

Tout le monde vivra pour toujours, parce que nous sommes des êtres éternels. Jésus parle d'une résurrection de vie pour le croyant et d'une résurrection de jugement pour le méchant dans Jean 5:24. *En vérité, en vérité, je vous le dis, celui qui écoute ma parole, et*

---

[1] Compilé par John Myers, *Voices from the Edge of Eternity*, p. 133

qui croit à celui qui m'a envoyé, a la vie éternelle et ne vient point en jugement, mais il est passé de la mort à la vie.

Les chrétiens vivront pour toujours avec le Seigneur, parce qu'ils ont entendu la parole de Dieu et cru, mais les non-croyants seront condamnés à vivre dans la damnation éternelle (l'enfer) pour toujours.

RÉFLEXION
Pourquoi les chrétiens ont-ils une espérance ? Êtes-vous absolument convaincu que si vous mouriez ce soir, vous iriez au ciel ?

Jour 3
La mort est abolie !

La résurrection de Jésus est un triomphe sur la mort : Jésus a vaincu l'ennemi lorsqu'il fut ressuscité des morts. Dans 1 Corinthiens 15:25-26, nous lisons que le dernier ennemi à être aboli est *la mort. Car il faut qu'il règne jusqu'à ce qu'il ait mis tous les ennemis sous ses pieds. Le dernier ennemi qui sera détruit, c'est la mort.*

J'ai chez moi un livre rempli de centaines d'histoires relatant ce qui s'est passé lors des derniers moments de vie de nombreuses personnes. Certaines histoires sont magnifiques, narrant comment des chrétiens, durant les derniers instants de leur vie terrestre, recevaient un aperçu du ciel et s'en allaient paisiblement avec le Seigneur.

Cependant, il y a aussi des histoires horribles, décrivant la fin d'athées ou d'agnostiques maudissant le nom de Dieu. Des infirmières, dans la même chambre que ces infidèles, étaient horrifiées, parce que ces non croyants voyaient littéralement les flammes de l'enfer avant de mourir.

Certains de nos amis avaient accueilli leur mère pour vivre chez eux pendant les dernières années de sa vie. Cette femme chrétienne très âgée, qui aimait le Seigneur de tout son cœur, souffrait de la cataracte depuis des années. Le jour où elle mourut et s'en alla auprès du Seigneur, la cataracte tomba de ses yeux. Les yeux bleus qu'elle avait pendant sa jeunesse brillaient tout à nouveau. Elle regarda un coin de sa chambre et déclara qu'elle voyait Jésus.

Lorsque j'étais en Zambie, j'ai rencontré une jeune femme qui racontait une histoire étonnante au sujet du ciel. Elle venait de passer par un sévère accident de voiture et, alors qu'elle était inconsciente, elle vit une lumière éblouissante entrant dans son minibus. Elle se retrouva transportée dans les lieux célestes où des êtres glorieux chantaient dans une langue angélique. Alors qu'elle se rapprochait de l'endroit le plus magnifique qu'elle n'ait jamais vu, elle commença à redescendre sur terre. Elle ressentit une profonde déception lorsqu'elle réalisa qu'elle ne continuait pas en direction de la glorieuse cité qu'elle venait d'apercevoir. La chose suivante qu'elle vit fut le haut d'un lit d'hôpital et la voix d'un membre de sa famille lui disant : « Tout va bien. »

« Mais je veux continuer », dit-elle à l'être angélique se tenant à ses côtés.

« Ce n'est pas encore ton heure », lui répondit-il. Puis elle se réveilla sur son lit d'hôpital. Le Seigneur lui avait donné un petit goût du ciel !

Les chrétiens ont une espérance incroyable à cause de la résurrection des morts. Lorsque Jésus fut ressuscité des morts, il a aboli la mort. Nous sommes des êtres éternels, qui vivrons pour toujours avec lui.

REFLEXION
Qui a été vaincu par la résurrection de Jésus ? En quoi cela affecte-t-il votre vie ?

Jour 4
Nos noms sont écrits dans le livre de vie

Saviez-vous que le Seigneur a écrit le nom de chaque croyant dans un livre intitulé le Livre de Vie ? Lorsque nous recevons Jésus-Christ comme Seigneur de nos vies, nos noms sont enregistrés dans Son Livre. Il nous donera la force de surmonter le péché et les tentations du monde jusqu'à la fin. *Celui qui vaincra sera revêtu ainsi de vêtements blancs; je n'effacerai point son nom du livre de vie, et je confesserai son nom devant mon Père et devant ses anges* (Apocalypse 3:5).

Imaginez ce Livre de Vie contenant un enregistrement complet de la vie de chaque personne sur cassettes électromagnétiques. La technologie moderne permet d'effacer simplement et complètement une erreur en quelques secondes en ramenant la tête enregistreuse au-delà d'un endroit particulier sur la bande d'enregistrement une seconde fois. Il y a même un « effaceur global » qui peut, en quelques secondes, complètement effacer tout l'enregistrement d'une cassette entière. Ainsi en est-il de l'enregistrement céleste de la vie d'un pécheur. Lorsqu'un pécheur vient pour la première fois à la repentance et à la foi en Christ, Dieu met en action son « effaceur global » céleste. Tout le dossier des anciens péchés du pécheur est ainsi instantanément et complètement effacé, et une cassette vierge est disponible, sur laquelle une nouvelle vie de foi et de justice pourra être enregistrée. Si à un autre moment par la suite le croyant retombe dans le péché, il n'a qu'à se repentir et confesser son péché, et Dieu efface cette section particulière de l'enregistrement, et la bande est à nouveau propre.[2]

Lorsque vous vous tenez devant Dieu, et que Jésus-Christ est assis à la droite du Père, il dira : « J'ai donné ma vie pour toi. » Vos péchés ont été complètement effacés et ôtés il y a deux mille ans ! C'est pour cela que j'aime tant Jésus-Christ ! Il a payé le prix pour mon salut à la croix !

REFLEXION
Certains de vos péchés sont-ils enregistrés dans le Livre de Vie ? Pourquoi ou pourquoi pas ?

Jour 5
Nous sommes acceptés au ciel !

Lorsque vous êtes sauvé et commencez à connaître Jésus, votre esprit est sauvé. Lorsque vous mourez et passez dans la vie éternelle, votre esprit se rend directement en présence de Christ au ciel. Immédiatement, vous serez *absent du corps et présent avec le Seigneur (2 Corinthiens 5:8).*

Nos corps ressuscités
Romains 8:29
1 Corinthiens 15:20, 42-44, 49
Philippiens 3:20-21
1 Jean 3:2
2 Corinthiens 5:7

Lorsque Jésus reviendra pour son peuple, ceux qui sont morts en Christ comme les fidèles toujours en vie recevront un nouveau corps ressuscité adapté pour le ciel. Notre esprit, notre âme et notre corps seront réunis à ce moment dans un nouveau corps ressuscité alors que nous vivrons pour Dieu pour l'éternité – un corps possédant une identité avec le corps de cette vie et reconnaissable (Luc 16:19-31),

---
[2] Derek Prince, *Foundation Series*, p. 579

un corps adapté pour le ciel, qui ne va pas se décomposer et mourir (1 Corinthiens 15:42), un corps puissant non sujet à la maladie (1 Corinthiens 15:43), un corps qui n'est pas lié par les lois de la nature (Luc 24:31 ; Jean 20:19 ; 1 Corinthiens 15:44), un corps qui peut manger et boire (Luc 14:15 ; 22:14-18, 30 ; 24:43). Ainsi, pour le chrétien, la mort est comme une promotion. Nous passons d'une phase de vie à la phase de vie suivante !

Le ciel sera un endroit merveilleux. Adorer Dieu dans sa présence sera la plus belle expérience de toutes. Imaginez pendant quelques instants les choses les plus merveilleuses dont vous puissez jouir sur cette terre, et réalisez ensuite que le ciel sera un million de fois mieux que cela. Apocalypse 21 :1-4 parle du ciel. *Et je vis un nouveau ciel et une nouvelle terre ; car le premier ciel et la première terre s'en étaient allés, et la mer n'est plus. Et je vis la sainte cité, nouvelle Jérusalem, descendant du ciel d'auprès de Dieu, préparée comme une épouse ornée pour son mari. Et j'ouïs une grande voix venant du ciel, disant: « Voici, l'habitation de Dieu est avec les hommes, et il habitera avec eux; et ils seront son peuple, et Dieu lui-même sera avec eux, leur Dieu. Et Dieu essuiera toute larme de leurs yeux; et la mort ne sera plus; et il n'y aura plus ni deuil, ni cri, ni peine, car les premières choses sont passées. »*

Le ciel sera un endroit de soulagement total. Nous serons entièrement submergés par la présence de Dieu.

Augustus Toplady, auteur du chant immortel « Rock of Ages », était sur le point de mourir à l'âge de trente-huit ans, mais il était prêt pour son jour de promotion. Environ une heure avant sa mort, il a semblé se réveiller d'un sommeil tranquille. « Oh, quel délice ! Qui peut sonder les joies du troisième ciel ? Quel rayons de soleil éblouissants il y avait sur moi ! Je n'ai pas de mots pour l'exprimer. Tout est lumière, lumière, lumière – l'éclat de sa gloire ! »[3]

REFLEXION
En quoi la mort est-elle une promotion ? A quoi ressemblera le ciel, selon vous, avec un nouveau corps parfait, une nouvelle âme et un esprit ?

---
[3] Compilé par John Myers, *Voices from the Edge of Eternity,* p. 23, 24

Jour 6
Qu'en est-il des enfants ?

Les gens demandent parfois : « Qu'en est-il des enfants ? Les enfants vont-ils aller au ciel ? » Oui, le ciel sera rempli d'enfants ! Lorsque des enfants naissent dans ce monde déchu, ils naissent avec une nature déchue. Cependant, un jeune enfant n'est pas suffisamment âgé pour connaître la différence entre la loi de Dieu et les aspirations de sa nature déchue. Lorsqu'un enfant arrive à l'« âge de raison », il doit faire le choix entre le bien et le mal. Il finit par choisir soit Dieu, soit ses propres voies qui le conduisent à la séparation éternelle d'avec Dieu.

Les enfants sont sans culpabilité et sans redevabilité spirituelle jusqu'à ce qu'ils pèchent contre la loi de Dieu. *Or moi, étant autrefois sans loi, je vivais ; mais le commandement étant venu, le péché a repris vie, et moi je mourus* (Romains 7:9). Paul dit qu'il était « autrefois vivant sans loi », nous montrant par là qu'un enfant est « vivant » jusqu'à ce qu'il comprenne la différence entre le bien et le mal. Dieu seul sait quand ce moment est arrivé. Cependant, après qu'un enfant connait la loi, le péché est ravivé et il meurt. En d'autres termes, lorsque nous en venons à réaliser que nous péchons contre la loi de Dieu, nous sommes spirituellement morts. C'est pourquoi nous devons donner nos vies à Jésus-Christ. Nous devons naître de nouveau.

Chacun de nos quatre enfants a été convaincu de péché à un jeune âge et a reçu Jésus-Christ comme Seigneur et sauveur. Lorsqu'ils étaient bébés, ils n'avaient pas la notion du péché. Cependant, le jour arriva (leur « âge de raison ») pour chacun d'eux de répondre à la conviction du Saint-Esprit.

Chaque personne doit finir par prendre une décision et répondre à Jésus-Christ et à son offre de salut pour assurer sa place au ciel. Jésus a dit dans Matthieu 18:3 : *En vérité, je vous dis : si vous ne vous convertissez et ne devenez comme les petits enfants, vous n'entrerez point dans le royaume des cieux.*

REFLEXION

Que se passe-t-il pour des bébés lorsqu'ils meurent ? Qu'est-ce qui qualifie une personne pour entrer au ciel, selon Matthieu 18:3

Jour 7
Préparer une place pour nous

En ce moment même, le Seigneur nous prépare une place pour que nous y vivions pour l'éternité. Jésus nous dit dans sa Parole : *Que votre coeur ne soit pas troublé ; vous croyez en Dieu, croyez aussi en moi. Dans la maison de mon Père, il y a plusieurs demeures ; s'il en était autrement, je vous l'eusse dit, car je vais vous préparer une place. Et si je m'en vais et que je vous prépare une place, je reviendrai, et je vous prendrai auprès de moi ; afin que là où moi je suis, vous, vous soyez aussi* (Jean 14:1-3).

Pouvez-vous l'imaginer ! Jésus prépare une endroit tout spécial juste pour vous dans le ciel ! Jésus revient pour nous ! Ceux qui parmi nous serons toujours vivants sur cette terre lors de son retour le rencontreront dans les airs. Ceux qui sont morts, dont les esprits sont avec le Seigneur, reviendront avec Lui et il leur donnera des corps nouveaux. Ça va être un jour extraordinaire ! *Or nous ne voulons pas, frères, que vous soyez dans l'ignorance à l'égard de ceux qui dorment, afin que vous ne soyez pas affligés comme les autres qui n'ont pas d'espérance. Car si nous croyons que Jésus mourut et qu'il est ressuscité, de même aussi, avec lui, Dieu amènera ceux qui se sont endormis par Jésus. Car nous vous disons ceci par la parole du Seigneur: que nous, les vivants, qui demeurons jusqu'à la venue du Seigneur, nous ne devancerons aucunement ceux qui se sont endormis. Car le Seigneur lui-même, avec un cri de commandement, avec une voix d'archange et avec la trompette de Dieu, descendra du ciel ; et les morts en Christ ressusciteront premièrement ; puis nous, les vivants qui demeurons, nous serons ravis ensemble avec eux dans les nuées à la rencontre du Seigneur, en l'air : et ainsi nous serons toujours avec le Seigneur* (1 Thessaloniciens 4:13-17).

Jésus-Christ revient pour son église – son peuple. Cela va constituer l'événement historique le plus important depuis sa visite sur cette planète il y a deux mille ans. En tant que chrétiens, nous devrions vivre chaque journée comme s'il revenait aujourd'hui ! Et s'il ne revient pas dans les années qui viennent, ce n'est pas un problème. Nous allons continuer d'attendre son retour, alors que nous vivons en communion avec le Saint-Esprit chaque jour.

D. L. Moody, un évangéliste du dix-neuvième siècle, savait qu'une place était préparée pour lui au ciel. Sur son lit de mort, il semblait voir au-delà du voile, alors il s'exclama : « La terre s'estompe, le ciel s'ouvre devant moi. C'est magnifique. Si c'est la mort, elle est douce. Il n'y a ici point de vallées. Dieu m'appelle et je dois y aller. C'est mon triomphe ; c'est mon jour de couronnement ! Je l'attends depuis des années. »[4]

REFLEXION

Qu'est-ce que Jésus prépare pour nous, selon Jean 14:1-3 ?
Quand Jésus va-t-il revenir pour nous ?

---

[4] Compilé par John Myers, *Voices from the Edge of Eternity*, p. 23, 24

CHAPITRE 4

Dieu juge tout

VERSET CLÉ À MÉMORISER

Et comme il est réservé aux hommes de
mourir une seul fois,
après quoi vient le jugement.

Hébreux 9:27

Jour 1

Un principe élémentaire : le jugement éternel

Dans le chapitre précédent, nous avons examiné le principe de « la résurrection des morts ». Dans ce chapitre, nous allons nous pencher sur une autre pierre de fondement de la foi chrétienne lié à la résurrection des morts – « le jugement éternel ». *C'est pourquoi, laissant les éléments de la parole de Christ, tendons à ce qui est parfait, sans poser de nouveau le fondement ... du jugement éternel* (Hébreux 6:1-2).

Qu'est-ce que le jugement ? Le mot *jugement* signifie littéralement *verdict*. Lorsqu'un juge prononce une sentence contre quelqu'un, il rend son verdict. Il n'y a pas de retour en arrière. Les Ecritures disent que le jugement est éternel. Le jugement éternel est un verdict donné qui durera pour toujours.

Qu'est-ce que l'éternité ? Imaginez un petit oiseau venant au bord de l'océan tous les mille ans. L'oiseau prend alors un grain de sable, le transporte depuis la plage et le jette quelque part dans l'océan. Après que tous les grains de sables de toutes les plages au bord de tous les océans aient été ôtés, l'éternité n'aura fait que commencer ! C'est aussi difficile que *cela* de sonder la durée de l'éternité !

Chaque homme et chaque femme ayant jamais vécu sera un jour jugé par Dieu pour toute l'éternité. *Et comme il est réservé aux hommes de mourir une seule fois, après quoi vient le jugement* (Hébreux 9:27). Le fidèle n'a pas à craindre le jugement de Dieu, parce qu'il recevra la vie éternelle au ciel avec Jésus. Le méchant, cependant, sera puni éternellement. *Et ceux-ci iront au châtiment éternel, mais les justes à la vie éternelle* (Matthieu 25:46).

Voltaire était un Français, infidèle notoire, qui avait passé la plus grande partie de sa vie à ridiculiser le christianisme. Lorsque Voltaire eut un malaise qui, réalisa-t-il, allait mettre fin à ses jours, il fut terrifié et torturé par une telle agonie que parfois, il grinçait les dents de rage contre Dieu et les hommes. A d'autres reprises, il plaidait : « Oh Christ ! Je dois mourir – abandonné de Dieu et des hommes ! » Les associés infidèles de Voltaire n'osaient pas approcher de son lit. Son infirmière répétait constamment que pour toute la richesse d'Europe, elle ne voudrait jamais revoir un autre infidèle

Construire pour l'éternité

mourir. C'était une scène d'horreur qui dépassait toute exagération.[1]

Alors que le ciel est un lieu d'une beauté inimaginable, où le peuple de Dieu jouira d'une communion les uns avec les autres et avec leur Dieu pour toujours, l'enfer est un lieu de souffrance sans fin et de punition pour ceux qui auront rejeté Christ.

REFLEXION
Qu'est-ce que le jugement éternel ? Où vont aller les méchants et les justes, selon Matthieu 25:46 ?

Jour 2
Le siège du jugement de Christ

Un jour, nous nous tiendrons tous devant le Dieu vivant pour être jugés. Pour ceux qui croient en Jésus-Christ, nos péchés ont étés jugés à la Croix il y a deux mille ans, donc ce ne sera pas un jugement de condamnation. Cependant, ceux qui n'ont pas reçu le Seigneur Jésus-Christ dans leur vie recevront une sentence. Il n'y a pas d'échappatoire. *Car il nous faut tous comparaître devant le tribunal de Christ, afin que chacun reçoive selon le bien ou le mal qu'il aura fait, étant dans son corps. Connaissant donc la crainte du Seigneur, nous cherchons à convaincre les hommes; Dieu nous connaît, et j'espère que dans vos consciences vous nous connaissez aussi* (2 Corinthiens 5:10-11).

Il est temps de partager avec d'autres la bonne nouvelle qui va libérer les hommes et les femmes. Aujourd'hui, alors que j'écris ces lignes, j'ai eu le privilège d'assister un jeune couple alors qu'ils donnaient leurs vies à Jésus-Christ. A cause de leur décision pour Christ, leurs péchés sont pardonnés et ils n'auront pas à faire face à la punition éternelle. Ils vivront pour toujours dans le royaume de Dieu !

Gloire à Dieu pour Jésus, qui a payé sur la croix le prix pour nous sauver de la condamnation éternelle ! Lorsque nous recevons Jésus-Christ en tant que Seigneur, il dit : « Je t'aime, je vais te libérer et faire de toi une personne toute nouvelle, faisant partie de ma famille. Tu vivras avec moi pour toujours. » C'est le plan de Dieu pour que nous soyons sauvés. *Dieu, en effet, n'a pas envoyé*

---

[1]Compilé par John Myers, *Voices from the Edge of Eternity*, p. 22

son Fils dans le monde pour qu'il juge le monde, mais pour que le monde soit sauvé par lui (Jean 3:17).

RÉFLEXION

Imaginez vous tenir devant Dieu le jour du jugement. Comment pouvez-vous être sûr d'avoir la vie éternelle ?

Jour 3
Les chrétiens devront rendre des comptes au jour du jugement

Bien que les croyants soient libres du jugement de la condamnation divine et aillent au ciel, la Bible dit que nous devrons rendre des comptes quand à notre degré de fidélité à Dieu, selon 1 Corinthiens 3:12-15 : *Or, si quelqu'un bâtit sur ce fondement avec de l'or, de l'argent, des pierres précieuses, du bois, du foin, du chaume, l'oeuvre de chacun sera manifestée ; car le jour la fera connaître, parce qu'elle se révèlera dans le feu, et le feu éprouvera ce qu'est l'oeuvre de chacun. Si l'oeuvre bâtie par quelqu'un sur le fondement subsiste, il recevra une récompense. Si l'oeuvre de quelqu'un est consumée, il perdra sa récompense ; pour lui, il sera sauvé, mais comme au travers du feu.*

Ce Jour-là, au trône de jugement de Christ, Dieu examinera ouvertement notre caractère, nos actions secrètes, nos bonnes œuvres, nos motivations, nos attitudes... Si nous n'avons pas vécu des vies saintes, démontré de la miséricorde et de la douceur, notre fondement est faible – fait de « bois, de foin, de chaume, plutôt que d'or, d'argent ou de pierres précieuses ». Malgré le fait que nous recevrons le salut, nous faisons l'expérience d'une grande « perte ». Un croyant insouciant souffrira de la manière suivante: en ressentant de la honte lors de la venue de Christ (1 Jean 2:28), une perte de gloire et d'honneur devant Dieu (Romains 2:7), une perte d'opportunités de service et d'autorité dans les cieux (Matthieu 25:14-30 ; 5:15 ; 19:30) et une perte de récompenses (1 Corinthiens 3:12-14 ; Philippiens 3:14 ; 2 Timothée 4:8).

Lorsque notre attitude et notre motivation reflètent le fruit de l'Esprit et un amour semblable à celui du Christ, nos œuvres seront bâties avec des pierres précieuses avec de nombreuses récompenses de la part de Dieu. Si nous sommes plus motivés par une ambition

Construire pour l'éternité

égoïste que par les directives du Saint-Esprit, ces œuvres seront détruites – consumées. Ces paroles solennelles devraient nous motiver à vivre une vie fidèle et consacrée au Seigneur.

Un serviteur de Dieu bien connu ayant passé des dizaines d'années à proclamer l'Evangile dans le monde entier écrit les lignes suivantes pour décrire ce moment où Dieu jugera les œuvres de chaque chrétien : « Dans les rayons brûlants de ses yeux, alors que chacun se tient devant le trône de son jugement, tout ce qui est vil, non sincère et sans valeur dans les œuvres de son peuple sera instantanément et éternellement consumé. Seul ce qui est vrai et durable dans sa valeur survivra, purifié et épuré par le feu. Alors que nous considérons la scène du jugement, chacun de nous doit se poser cette question : comment puis-je servir Christ dans cette vie, afin que mes œuvres passent l'épreuve du feu ce Jour-là ? »[2]

REFLEXION
Qu'est ce qui sera « amené à la lumière » dans la vie d'un croyant au jour du jugement selon 1 Corinthiens 3 :12-15 ?

Jour 4
Le jugement des méchants – un enfer littéral

Bien que chacun, vivant ou mort, à travers les âges, passe par le jugement, la Bible dépeint une image différente de la destinée finale des perdus alors qu'ils vont se tenir devant le Dieu vivant. Apocalypse 20:11-15 dit : *Puis je vis un grand trône blanc, et celui qui était assis dessus. La terre et le ciel s'enfuirent devant sa face, et il ne fut plus trouvé de place pour eux. Et je vis les morts, les grands et les petits, qui se tenaient devant le trône. Des livres furent ouverts. Et un autre livre fut ouvert, celui qui est le livre de vie. Et les morts furent jugés selon leurs oeuvres, d'après ce qui était écrit dans ces livres. La mer rendit les morts qui étaient en elle, la mort et le séjour des morts rendirent les morts qui étaient en eux; et chacun fut jugé selon ses oeuvres. Et la mort et le séjour des morts furent jetés dans l'étang de feu. C'est la seconde mort, l'étang de feu. Quiconque ne fut pas trouvé écrit dans le livre de vie fut jeté dans l'étang de feu.*

---

[2] Derek Prince, *Foundation Series*, p. 583

Qu'est-ce que cette *seconde mort* mentionnée ici ? La *seconde mort* est un enfer éternel qui brûle dans le feu pour toujours. Cette vision terrible de l'enfer est presque trop horrible pour qu'on y pense, mais selon la Bible, il y a réellement un enfer brûlant. Les Ecritures nous instruisent : *Le Fils de l'homme enverra ses anges, qui arracheront de son royaume tous les scandales et ceux qui commettent l'iniquité : et ils les jetteront dans la fournaise ardente, où il y aura des pleurs et des grincements de dents. Alors les justes resplendiront comme le soleil dans le royaume de leur Père. Que celui qui a des oreilles pour entendre entende* (Matthieu 13:41-43).

L'enfer, destinée ultime des perdus
Romains 2:9
Matthieu 13:42, 50 ; 22:13 ; 25:30, 46
Mark 9:43 ; 19:20 ; 14:11
2 Thessaloniciens 1:9
2 Pierre 2:4
Hébreux 10:31

Après la mort, la destinée des chrétiens comme des non-croyants est irréversible. Dans Luc 16:19-31, nous lisons l'histoire de l'homme riche et de Lazare. L'homme riche a passé sa vie affairé à vivre pour lui-même et s'est retrouvé en enfer après sa mort. Lazare était un mendiant, un homme pauvre qui vivait dans le voisinage de l'homme riche, et à qui l'on donnait les miettes de ce qui était servir à la table de l'homme riche. Son cœur était droit devant Dieu et, à sa mort, il fut immédiatement emmené au paradis. L'homme riche s'est mis à crier à Dieu à cause de ses tourments en enfer, mais il était trop tard.

Certaines personnes disent avec sarcasme : « Je n'ai pas peur de l'enfer. Je continuerai d'y faire la fête avec mes amis. » L'enfer ne sera pas une fête. Ce sera un feu éternel – un lieu de tourment horrible.

REFLEXION

Si le nom d'une personne n'est pas écrit dans le livre de vie, quelle est sa destinée ultime selon Apocalypse 20:11-15 ? Cette destinée est-elle réversible (voir Luc 16:19-31) ?

Jour 5
L'enfer est préparé pour le diable et pour ses anges

Jésus n'a pas créé l'enfer pour les gens. Il l'a créé pour le diable et ses anges. *Ensuite il dira à ceux qui seront à sa gauche : Retirez-vous de moi, maudits ; allez dans le feu éternel qui a été préparé pour le diable et pour ses anges* (Matthieu 25:41).

La pire des choses concernant l'enfer est l'absence de la bonté de Dieu. Toute bonne chose que nous connaissons vient de Dieu. Pouvez-vous imaginer être dans une place où il n'y a rien de bon ? C'est à cela que va ressembler l'enfer, au milieu de tout le tourment des feux de l'enfer.

Tout comme il y a des degrés de récompense dans le ciel, il y a selon la Bible des degrés de punitions en enfer. *Le serviteur qui, ayant connu la volonté de son maître, n'a rien préparé et n'a pas agi selon sa volonté, sera battu d'un grand nombre de coups. Mais celui qui, ne l'ayant pas connue, a fait des choses dignes de châtiment, sera battu de peu de coups. On demandera beaucoup à qui l'on a beaucoup donné, et on exigera davantage de celui à qui l'on a beaucoup confié* (Luc 12:47-48).

En d'autres termes, ces personnes qui ont entendu parler de l'Evangile et de la vérité (Jésus), et qui ont simplement continué de se détourner de lui, sont sous un jugement bien pire que celles qui ne l'ont jamais entendu. J'avais l'habitude de penser que les gens impliqués dans toutes sortes de « gros péchés » - comme des meurtres, des adultères et de la sorcellerie – auraient les pires châtiments en enfer. Cependant, la Bible nous indique ici que les gens qui connaissent la vérité et ne lui obéissent pas auront un jugement plus strict en enfer que ceux qui n'y obéissaient pas parce qu'ils ne la connaissaient pas. La simple vérité, cependant, est que l'enfer est l'enfer. Qu'il y fasse un million de degrés ou dix millions de degrés, c'est toujours l'enfer – un « feu qui ne s'éteint pas » (Marc 9:43), un lieu de tourment sans fin et de souffrance, une réalité terrifiante pour ceux qui sont condamnés.

REFLEXION
Dieu a-t-il créé l'enfer pour les personnes méchantes ? A quoi ressemble l'enfer, selon Marc 9:43 ?

Jour 6

Qu'en est-il des gens qui n'ont jamais entendu parler de Jésus ?

Jésus-Christ est le seul chemin pour aller à Dieu et vivre éternellement avec lui. Jésus lui-même a déclaré dans Jean 14:6 : ... *Je suis le chemin, la vérité et la vie. Nul ne vient au Père que par moi.*

Qu'en est-il alors des personnes qui n'ont jamais entendu parler de Jésus-Christ ? Nous pouvons être assurés que Dieu est un juge juste. La Bible souligne qu'il est juste (1 Jean 2:1). Lorsque quelqu'un questionne la justice du jugement de Dieu concernant ceux qui n'ont jamais entendu, ma réponse initiale est souvent la suivante : « Mais *vous* avez entendu ; quelle est *votre* réponse à Jésus ? » Romains 2:14-15 dit : *Quand les païens, qui n'ont point la loi, font naturellement ce que prescrit la loi, ils sont, eux qui n'ont point la loi, une loi pour eux-mêmes ; ils montrent que l'oeuvre de la loi est écrite dans leurs coeurs, leur conscience en rendant témoignage, et leurs pensées s'accusant ou se défendant tour à tour.*

Nous voyons ici que le Seigneur juge selon ce que quelqu'un a appris, ce que sa conscience lui dit. Chacun a une mesure de connaissance du bien et du mal, et nous devons faire confiance à Dieu qu'il va juger avec justice. Dieu est un juge fidèle et juste (1 Jean 1:9). Il est plus juste que n'importe quel être humain ne pourrait jamais l'être. Ce sont ceux qui, parmi nous, connaissons la vérité de Jésus-Christ qui n'avons aucune excuse. Galates 6:7-8 dit : *Ne vous y trompez pas: on ne se moque pas de Dieu. Ce qu'un homme aura semé, il le moissonnera aussi. Celui qui sème pour sa chair moissonnera de la chair la corruption ; mais celui qui sème pour l'Esprit moissonnera de l'Esprit la vie éternelle.*

C'est pourquoi nous devons semer spirituellement dans nos vies. Nous devons lire et méditer la parole de Dieu et partager sa vérité avec les autres. Nous devons développer une relation intime avec notre Seigneur Jésus. Quoi que nous semions spirituellement, nous le récolterons spirituellement. Lorsque nous semons selon la chair (notre propre nature mauvaise), nous récolterons ce genre de destinée éternelle. Semons selon l'esprit, et vivons pour Lui dans toute l'éternité. *Cherchez premièrement le royaume et la justice de Dieu ; et toutes ces choses vous seront données par-dessus* (Matthieu 6:33).

Quelles *choses*, demanderez-vous ? Toutes les bénédictions de Dieu, y compris la vie éternelle au ciel. Les gens vivent pour toujours. Qu'est-ce que le royaume de Dieu ? C'est Dieu et son peuple. C'est une relation avec Dieu et les uns avec les autres qui durera pour l'éternité.

REFLEXION
Comment Dieu sera-t-il un juste juge, selon Romains 2:14-15 ?

Jour 7
Nous devons leur annoncer la Bonne Nouvelle

Un athée d'Angleterre a fait une déclaration que je n'oublierai jamais. Il a dit : « Je suis athée, parce que si je croyais ce que les chrétiens prêchent, je ramperais sur mes mains et mes genoux sur du verre brisé pour pouvoir expliquer à une personne comment elle pourrait échapper au châtiment dont ils parlent. » Les chrétiens savent que le christianisme est réel et qu'une destinée éternelle attend les gens sauvés comme les non sauvés.

Dans les premières années de notre église, Dieu a donné une vision à un jeune homme : « J'ai vu dans ma vision les feux de l'enfer. J'ai vu de nombreuses personnes marcher en direction des feux de l'enfer, tombant de la falaise en enfer. Puis j'ai vu un autre groupe de personnes, une armée. J'ai vu des gens se donner les main, et ils descendaient jusqu'à l'entrée de l'enfer, retirant des gens au dernier moment avant qu'ils se fassent avaler. Les gens étaient littéralement arrachés à l'enfer. C'est ce que Dieu nous a appelés à faire en tant qu'église. » Nous devons faire ce que nous pouvons pour voir les gens arrachés des feux de l'enfer et vivre éternellement pour Dieu.

Lorsque les chrétiens se voient comme des soldats spirituels dans son armée, nous serons motivés à retirer les gens des feux de l'enfer, parce que nous connaissons la vérité qui va les rendre libres. La vérité va libérer ceux qui répondent au nom de Jésus.

Jésus-Christ revient bientôt. Nous avons une tâche à accomplir ! Jésus a exhorté les croyants à se souvenir de toutes les âmes perdues qui vont passer l'éternité en enfer si l'Evangile ne leur est pas présenté. Les champs sont mûrs et blancs pour la moisson maintenant, et nous devons leur partager la bonne nouvelle. Jésus a dit : *Ne dites-vous pas, vous :* « *Il y a encore quatre mois, et la moisson vient ?* » *Voici, je vous dis :* « *Levez vos yeux et regardez les campagnes ; car elles sont déjà blanches pour la moisson* » (Jean 4:35).

La réalité d'un jugement éternel devrait amener les croyants à haïr le péché et à chercher à atteindre les perdus avec diligence pour leur annoncer le plan merveilleux de Dieu pour l'humanité.

Les gens qui plaisantent au sujet de l'enfer n'ont aucune idée de combien l'enfer va être une réalité. Après sa mort, un individu n'a plus d'occasion de lui échapper (Hébreux 9:27). Il y a un vieux dicton qui dit : « Le chemin de l'enfer est pavé de bonnes intentions. » Si vous ne l'avez pas encore fait, il est maintenant temps d'accepter la provision de Dieu en son fils Jésus-Christ, afin que vous viviez pour toujours ! Ne le repoussez pas.

REFLEXION
Comment pouvez-vous arracher quelqu'un à l'enfer ? L'avez-vous déjà fait ?

Construire pour l'éternité
Canevas du chapitre 1
Transmettre la bénédiction et la guérison

1. **Un principe élémentaire : l'imposition des mains**
   a. L'imposition des mains (Hébreux 6:1-2).
   b. Un transfert surnaturel (Lévitique 16:21-22) comme lorsqu'Aaron a posé ses mains sur un bouc et a confessé les péchés du peuple.
   c. Une transmission de puissance et de bénédiction est transférée d'une personne à une autre par l'imposition des mains. Cela transmet la guérison, les dons spirituels et l'autorité.

2. **Transmettre la vie les uns aux autres**
   a. Il y a dans nos vies une puissance incroyable pour bénir : Jésus a béni les enfants (Marc 10:16).
   b. Le Seigneur désire que nous bénissions les autres afin de pouvoir hériter une bénédiction (1 Pierre 3:8-9).

3. **Transmettre la puissance du Saint-Esprit**
   a. L'imposition des mains a un but spécifique dans l'Ancien comme dans le Nouveau Testament.
   b. L'imposition des mains sert à transmettre le baptême du Saint-Esprit à ceux qui le recherchent (Actes 8:14-15 ; 17).

4. **Transmettre les dons spirituels**
   a. L'imposition des mains est pour la transmission des dons spirituels.
   (Romains 1:11-12).
   b. Nous pouvons transmettre les neuf dons spirituels (1 Corinthiens 12:8-10) au travers de l'imposition des mains. Plus de dons à transmettre (Romains 12:6-8).

5. **Associez-vous avec ceux qui peuvent vous transmettre des dons**
   a. Les responsables de l'église primitive ont posé leurs mains sur Timothée pour transmettre les dons spirituels dont il avait besoin (1 Timothée 4:14).
   b. Timothée fut encouragé à ranimer le don (1 Timothée 1:6).
   c. Comment pouvez-vous ranimer les dons que Dieu vous a donnés ?

6. **Transmettre la santé aux malades**
   a. Les croyants peuvent imposer les mains aux malades et les malades seront guéris.
      (Marc 16:17-18).
   b. Ananias a posé ses mains sur Saul priant pour sa guérison (Actes 9:17-18).
   c. Que se passait-il lorsque Jésus touchait les gens (Marc 6:56) ?

7. **N'importe quel croyant peut transmettre une bénédiction à un autre**
   a. En tant que peuple de Dieu, nous sommes l'église. Les croyants devraient avoir des relations interactives les uns avec les autres comme c'était le cas dans l'église primitive (Actes 2:46-47).
   b. Les croyants partenaires dans des petits groupes peuvent facilement se transmettre des bénédictions les uns aux autres, s'encourageant ainsi mutuellement. Donnez des exemples de la façon dont vous vous êtes transmis des bénédictions spirituelles les uns aux autres.

Construire pour l'éternité
Canevas du chapitre 2

Transmettre l'autorité

1. **Reconnaître un ministère spécifique**
   a. L'église d'Antioche a imposé les mains sur deux apôtres, reconnaissant par là qu'ils avaient reçu une autorité de Dieu pour leur ministère spécifique (Actes 13:2-3).
   b. L'autorité et la responsabilité sont transmises aux diacres. (Actes 6:5-6).
   c. Les personnes ayant fait ses preuves devraient être mises à part pour ce ministère dans l'église par l'imposition des mains. Pourquoi est-ce important ?

2. **Un exemple de transmission d'autorité dans l'Ancien Testament**
   a. Moïse donne son autorité à Josué (Nombres 27:18, 20).
   b. Pourquoi était-il important pour Moïse de transmettre son autorité à Josué ?

3. **Les responsables spirituels ont l'autorité de transmettre**
   a. Les responsables spirituels veillent sur nous (Hébreux 13:17).
   b. Nous recevons une autorité en étant envoyés par nos responsables spirituels dans un domaine de service.

4. **Un mot de mise en garde : Ne vous précipitez pas**
   Ex. Un jeune évangéliste avait reçu une autorité spirituelle, mais devint orgueilleux et tomba dans le péché.
   a. Une personne devrait avoir démontrer sa fidélité au Seigneur avant d'être mise à part pour le ministère.

b. Les responsables spirituels devraient être vigilants avant d'imposer les mains sur une personne pour qu'elle ne représente pas le Seigneur trop tôt. (1 Timothée 5:22a).

5. **Un autre mot de mise en garde : gardez-vous purs**
   a. Nous pouvons « prendre part » au péché de quelqu'un si cette personne a un péché connu dans sa vie et que nous lui imposons les mains (1 Timothée 5:22).
   b. Les hommes prient pour les hommes et les femmes pour les femmes autant que possible (Tite 2:3-6).

6. **Nous avons l'autorité déléguée de servir les autres**
   a. Nous sommes des prêtres (1 Pierre 2:9).
   b. Nous sommes ministres de la Nouvelle Alliance (2 Corinthiens 3:6) et pouvons servir par l'imposition des mains.
   c. Nous avons une autorité déléguée de la part du Seigneur pour servir les autres.

7. **Recevoir l'autorité de la part des autres**
   a. Recevoir du Seigneur la bénédiction et l'autorité pour servir.
   b. Avoir un responsable spirituel qui nous envoie dans un domaine particulier de service (Hébreux 13:7).
   c. Vos responsables spirituels ont quelque chose dont vous avez besoin. Vous pouvez « imiter leur foi ».

Construire pour l'éternité
Canevas du chapitre 3

Nous vivrons pour toujours

1. **Un principe élémentaire : la résurrection des morts**
   a. Le fondement du christianisme est que Jésus est ressuscité des morts (Hébreux 6:1-2) et que nous allons prendre part à sa résurrection.
   b. Nous sommes des êtres éternels qui vivront éternellement !
   c. Jésus a parlé de cette résurrection (Jean 5:28-29).

2. **L'espérance grandit en sachant que nous serons ressuscités**
   a. Sans vie éternelle, il n'y a pas de relations durables.
   b. Jacques, le frère de Jésus, a réalisé après la résurrection de Jésus d'entre les morts qu'il était réellement le fils de Dieu.
   (1 Corinthiens 15:3, 4, 7).
   c. Aux services funèbres chrétiens, il y a de l'espérance.
   Ex. Les non-croyants comme Thomas Paine meurent sans espérance.
   d. La résurrection de vie pour le croyant et la résurrection du jugement pour le méchant (Jean 5:24).

3. **La mort est abolie !**
   a. La résurrection de Jésus est un triomphe sur la mort.
   b. Le dernier ennemi à être détruit est la mort.
   (1 Corinthiens 15:25-26).
   Ex. Différence entre les histoires de ceux qui meurent avec une espérance et sans espérance.
   c. Les chrétiens ont une espérance incroyable à cause de la résurrection des morts.

4. **Nos noms sont écrits dans le livre de vie**
   a. Lorsque nous recevons Jésus, nos noms sont écrits dans le Livre de Vie.
      Apocalypse 3:5
   b. Ce livre contient un registre complet de la vie de chaque personne, mais un « effaceur d'encre » efface notre passé lorsque nous passons par la repentance auprès de Jésus.

5. **Nous sommes acceptés au ciel !**
   a. Lorsque vous mourez, votre esprit va directement au Ciel. (2 Corinthiens 5:8).
   b. Nous recevons de nouveaux corps ressuscité au Ciel.
   c. La mort est comme une promotion, nous faisant passer d'une phase de vie à la suivante.
   d. Description du Ciel (Apocalypse 21:1-4).

6. **Qu'en est-il des enfants ?**
   a. Les enfants sont sans culpabilité et sans responsabilité spirituelle jusqu'à ce qu'ils pèchent contre Dieu (Romains 7:9).
   b. Dieu seul connaît l'âge de responsabilité pour chaque individu.
   c. Tous doivent « devenir comme des petits enfants » pour entrer dans le royaume de Dieu (Matthieu 18:3).

7. **Préparer une place pour nous**
   a. Jésus prépare une place pour nous pour y vivre l'éternité. (Jean 14:1-3).
   b. Jésus revient pour son église – son peuple. (1 Thessaloniciens 4:13-17).
   c. Nous devrions vivre chaque jour comme s'il revenait aujourd'hui !

Construire pour l'éternité
Canevas du chapitre 4
Dieu juge tout

1. **Un principe élémentaire : le jugement éternel**
   (Hébreux 6:1-2).
   a. Un jugement entraîne un verdict. Un jugement éternel est un verdict qui va durer pour l'éternité.
   b. L'éternité est très difficile à sonder.
   c. Chaque personne fait face au jugement (Hébreux 9:27).
   d. Les fidèles ne craignent pas le jugement, mais les méchants seront punis éternellement (Matthieu 25:46).
   e. L'enfer est un lieu de souffrance sans fin. Le ciel est un lieu d'une beauté inimaginable.

2. **Le siège du jugement de Christ**
   a. Nous devons tous paraître devant le trône du jugement de Christ.
   b. Pour le chrétien, ce n'est pas un jugement de condamnation.
   c. C'est maintenant le moment d'annoncer la bonne nouvelle aux gens avant qu'il ne soit trop tard (2 Corinthiens 5:10-11).
   d. Le plan de Dieu pour nous est que nous soyons sauvés (Jean 3:17).

3. **Les chrétiens devront rendre des comptes au jour du jugement**
   a. Les chrétiens sont libérés du jugement, mais devront rendre compte de leur fidélité envers Dieu.
   (1 Corinthiens 3:12-15).
   b. Si nous n'avons pas vécu de vies saintes, nous expérimenterons une « perte ».
   c. Si nos attitudes reflètent le fruit de l'Esprit, nos œuvres sont bâties avec des pierres précieuses et de nombreuses récompenses de la part de Dieu. Si ce n'est pas le cas, ces œuvres vont être consumées.

4. **Le jugement des méchants – un enfer littéral**
   a. La destinée finale des perdus : l'enfer (Apocalypse 20:11-15).
   b. L'enfer est décrit dans (Matthieu 13:41-43) comme un lieu de tourments horribles.
   c. La destinée des chrétiens comme des non-chrétiens est irréversibles après la mort.
      (Luc 16:19-31) : l'histoire de l'homme riche et de Lazare.

5. **L'enfer est préparé pour le diable et pour ses anges**
   a. Jésus a préparé l'enfer pour le diable, pas pour les gens (Matthieu 25:41).
   b. Il y aura des degrés de punitions en enfer (Luc 12:47-48).
   c. Les personnes qui auront entendu l'Evangile et l'auront rejeté subiront un pire jugement que ceux qui n'en auront jamais entendu parler.
   d. L'enfer reste l'enfer – un feu qui ne s'éteint point (Marc 9:43).

6. **Qu'en est-il des gens qui n'ont jamais entendu parler de Jésus ?**
   a. Jésus est le seul chemin pour aller à Dieu (Jean 14:6).
   b. Dieu est un juge juste et droit (1 Jean 2:1).
   c. Le Seigneur va juger selon ce qu'une personne aura appris, selon ce que leur conscience leur dit (Romains 2:14-15).

7. **Nous devons leur annoncer la Bonne Nouvelle**
   a. Les chrétiens sont appelés à faire tout ce qu'ils peuvent pour arracher les gens aux flammes de l'enfer.
      Ex. Vision des gens arrachés à l'enfer.
   b. Nous sommes des soldats dans l'armée de Dieu et nous avons une tâche à accomplir.
   c. Les champs sont mûrs pour la moisson (Jean 4:35).
   d. L'enfer n'est pas une plaisanterie. Après la mort, il n'y aura plus d'occasion de lui échapper (Hébreux 9:27). Acceptez la provision de Dieu en Jésus Christ et vivez éternellement avec lui !

Questions de méditation supplémentaires

Si vous utilisez ce livret comme guide de méditation quotidienne, vous aurez réalisé qu'il y a vingt-huit jours dans cette étude. Selon le mois, vous pourrez avoir besoin des trois études quotidiennes données ci-dessous.

Jour 29
Etre changé
Lisez 1 Corinthiens 15:51-52. A quelle vitesse allez-vous être changés lorsque Jésus va revenir ? Comment pouvez-vous le savoir ? Que devez-vous faire pour vous y préparer ?

Jour 30
Les justes
Lisez Matthieu 13:37-43. Qu'est-ce que les anges vont rassembler hors de son Royaume pour les jeter dans le feu de l'enfer ? Que ferons les justes ? Qui sont les justes ?

Jour 31
Racheté
Lisez Esaïe 43:25, 44:22. Comment Dieu vous voit-il lorsqu'il vous regarde ? Pourquoi ? Votre vie est-elle un reflet de votre gratitude envers Dieu pour vous avoir racheté de l'enfer ? Que pouvez-vous faire pour le remercier ?

www.ingramcontent.com/pod-product-compliance
Lightning Source LLC
LaVergne TN
LVHW051552070426
835507LV00021B/2539